Perspectives de l'acier de l'OCDE 2026

OCDE
DES POLITIQUES MEILLEURES
POUR UNE VIE MEILLEURE

Cet ouvrage a été approuvé et déclassifié par le Comité de l'acier le 12 mai 2026.

Ce document, ainsi que les données et cartes qu'il peut comprendre, sont sans préjudice du statut de tout territoire, de la souveraineté s'exerçant sur ce dernier, du tracé des frontières et limites internationales, et du nom de tout territoire, ville ou région.

Merci de citer cet ouvrage comme suit :
OCDE (2026), *Perspectives de l'acier de l'OCDE 2026*, Éditions OCDE, Paris, https://doi.org/10.1787/f99a902d-fr.

ISBN 978-92-64-62486-3 (imprimé)
ISBN 978-92-64-96835-6 (PDF)
ISBN 978-92-64-72669-7 (HTML)

Perspectives de l'acier de l'OCDE
ISSN 1995-3925 (imprimé)
ISSN 1999-1193 (en ligne)

Crédits photo : Couverture © QinJin/Shutterstock.com.

Les corrigenda des publications de l'OCDE sont disponibles sur : https://www.oecd.org/fr/publications/support/corrigenda.html.

Avant-propos

L'industrie sidérurgique joue un rôle central dans la croissance économique et la sécurité nationale, y compris la sécurité économique. L'acier est indispensable à la quasi-totalité des activités industrielles, à la construction et aux infrastructures, ainsi qu'à toutes les formes de production d'énergie, et constitue un intrant clé pour de nombreux secteurs stratégiques de l'économie. Toutefois, la viabilité de l'industrie sidérurgique mondiale se trouve gravement menacée par des excédents de capacité croissants, alimentés par des subventions généralisées ainsi que d'autres mesures et pratiques non fondées sur le marché dans certaines économies.

Le Comité de l'acier de l'OCDE joue un rôle essentiel pour renforcer la transparence et promouvoir des règles du jeu équitables dans le secteur sidérurgique mondial. Le présent rapport met en lumière les importants travaux récemment menés par le Comité de l'acier sur plusieurs sujets clés, notamment les perspectives du marché mondial de l'acier et de l'industrie sidérurgique ; l'évolution des capacités de production ; le recours aux subventions et à d'autres mesures et pratiques faussant les marchés ; ainsi que les mesures commerciales visant à remédier aux problèmes d'équité auxquels sont confrontés les producteurs d'acier à l'échelle mondiale. Il propose une évaluation à la fois complète et synthétique de la situation actuelle, ainsi qu'une analyse prospective étayée des évolutions anticipées.

Remerciements

Ce rapport a été élaboré par la Direction de la science, de la technologie et de l'innovation (STI) de l'OCDE, sous la direction de Jerry Sheehan, Directeur de STI, de Kévin Magron, Directeur adjoint de STI, de Stephan Raes, Chef de la Division des politiques structurelles et industrielles, et de Sebastian Ordelheide, Chef de l'Unité de la communication.

Il a été préparé par Peter Avery, consultant, et Anthony de Carvalho, Chef de l'Unité de l'acier de l'OCDE, sur la base des travaux examinés et déclassifiés par le Comité de l'acier de l'OCDE. Ont participé à sa rédaction et/ou aux travaux de recherche et d'analyse originaux sur lesquels il repose : Aryan Agarwal, Adrien Corneille, Luciano Giua, Danhak Gu, Claire Hoffmann, Fabien Mercier, Masanobu Nakamizu, Elyas Pannetier, Pieter Parmentier, Rodrigo Pazos, Michele Rimini, Maika Sakamoto et Lenka Wildnerova – tous membres actuels ou anciens membres de l'Unité de l'acier. Cette publication n'aurait pas non plus vu le jour sans l'appui organisationnel et opérationnel indispensable fourni par Sanela Bajrovic et Pauline Barbet, ni sans la contribution éditoriale essentielle de Julie Harris.

L'Unité de l'acier de l'OCDE souhaite exprimer sa reconnaissance toute particulière aux délégués du Comité de l'acier. Les délégués ont contribué de manière déterminante à ces travaux par leurs conseils d'experts, leurs examens attentifs et leurs observations formulées sur les versions précédentes du rapport.

Table des matières

GRAPHIQUES

TABLEAUX

Sigles et acronymes

Les principaux sigles et acronymes utilisés dans le rapport sont présentés ci-dessous.

AD	Antidumping
AISI	American Iron and Steel Institute
ASEAN	Association des nations de l'Asie du Sud-Est
BF	Haut fourneau
BIS	Bureau indien de normalisation
BMB	Emprunts à des taux inférieurs aux conditions du marché
BOF	Convertisseur à oxygène
TCAC	Taux de croissance annuel composé
MACF	Mécanisme d'ajustement carbone aux frontières
CEI	Communauté des États indépendants
CREG	Commission de régulation de l'électricité et du gaz (Algérie)
CVD	Droits compensateurs
DRI	Fer préréduit
EAF	Four à arc électrique
EBITDA	Résultat avant intérêts, impôts, dépréciation et amortissement
IDI	Investissement direct international
FSI	Fonds de soutien de l'innovation (Maroc)
ALE	Accord de libre-échange
FMSS	Forum mondial sur les surcapacités sidérurgiques
HBI	Fer briqueté à chaud
SH	Système harmonisé
ISSB	Iron and Steel Statistics Bureau
MAGIC	MAnufacturing Groups and Industrial Corporations
MENA	Moyen-Orient et Afrique du Nord
MIIT	Ministère de l'Industrie et des Technologies de l'information
PAT	Perform Achieve Trade
PLI	Incitations liées à la production
POE	Entreprise privée
SEAISI	Institut du fer et de l'acier de l'Asie du Sud-Est
SEC	Saudi Electricity Company
ZEC	Zones économiques spéciales
SIDF	Fonds saoudien de développement industriel
SOE	Entreprise publique
CT	Contingent tarifaire
TVA	Taxe sur la valeur ajoutée

Résumé

La croissance des capacités, la faiblesse de la demande et des excédents de capacité proches de leurs niveaux record continuent de menacer l'industrie sidérurgique

La capacité mondiale de production d'acier continue de croître malgré des perspectives moroses du côté de la demande d'acier. Les excédents de capacité devraient s'élever à 745 millions de tonnes (Mt) à l'horizon 2028 – soit 319 Mt de plus que la production actuelle des Membres de l'OCDE – et se rapprocher ainsi des sommets historiques atteints lors de la dernière crise de l'acier il y a dix ans. Les ajouts de capacités prévus d'ici 2028 pourraient atteindre 138.8 Mt, soit une hausse de 5.7 % par rapport aux niveaux de 2025. La croissance de la demande mondiale devrait rester atone, à environ 0.9 % par an jusqu'en 2030, le conflit au Moyen-Orient, la hausse des prix de l'énergie et les perturbations des chaînes d'approvisionnement venant ajouter des pressions supplémentaires. Alors que l'écart entre la production d'acier et les capacités se creuse, les taux d'utilisation resteront faibles et pourraient chuter à 74 % en 2028, voire en deçà, contre 76 % en 2025, accentuant la pression financière sur l'ensemble de l'industrie sidérurgique.

Les pays en situation de surcapacité inondent les marchés mondiaux d'acier

La plupart des extensions de capacités au cours des deux dernières décennies ont eu lieu en dehors de la zone OCDE, souvent soutenues par des subventions publiques et d'autres interventions. En 2024, l'aciériste chinois médian percevait, rapporté à la taille de ses actifs, 15 fois plus de subventions que le producteur médian ailleurs. Lorsque la production des nouvelles installations ne peut être absorbée par les marchés nationaux, l'acier est généralement exporté à bas prix, ou sous forme de produits en aval à forte intensité d'acier, au détriment des producteurs des autres économies.

La situation en République populaire de Chine (ci-après « la Chine ») est particulièrement significative. Bien que la Chine n'ait pas sensiblement accru ses capacités de production d'acier ces dernières années, la faiblesse de la demande intérieure a entraîné une forte hausse des exportations. En 2025, les aciéristes chinois ont exporté un volume record de 131 Mt d'acier vers les marchés étrangers, soit quelque 14 % de leur production annuelle d'acier brut cette année-là, en hausse de 153 % par rapport à 2020. La Chine est désormais de nouveau engagée dans une trajectoire expansionniste, avec jusqu'à 38.6 Mt de nouvelles capacités prévues d'ici 2028 (soit, à titre de comparaison, plusieurs millions de tonnes de plus que la capacité actuelle de l'Italie, deuxième producteur d'acier de l'Union européenne). Il pourrait s'agir de la plus importante expansion nationale planifiée à l'échelle mondiale. Il reste difficile d'évaluer dans quelle mesure les fermetures contrebalanceront les nouvelles capacités.

Des augmentations de capacités sont également observées dans d'autres régions. Par exemple, l'Inde a accru sa capacité de 41.4 Mt entre 2021 et 2025 et pourrait ajouter jusqu'à 31.8 Mt supplémentaires d'ici 2028, même si la vigueur persistante de la demande intérieure en fait un importateur net modeste. L'Asie du Sud-Est a également enregistré une croissance significative de ses capacités, une tendance qui devrait se poursuivre jusqu'en 2028. Parallèlement, les augmentations prévues au Moyen-Orient devraient être revues à la baisse.

À l'échelle de la zone OCDE, les capacités ont reculé de 2.8 Mt (-0.4 %) entre 2021 et 2025, avec des baisses particulièrement marquées observées au Royaume-Uni (-39.7 %) et au Japon (-7.2 %). Avec l'adoption par les pays Membres de l'OCDE de mesures plus fermes pour faire face aux hausses des importations, l'industrie devrait être mieux positionnée pour inverser la tendance.

Face à l'aggravation de la crise, les pays durcissent leurs mesures commerciales

Les mesures commerciales se sont intensifiées en 2025. Les mesures antidumping (AD) et compensatoires (CVD), ciblant des produits et des pays spécifiques, se sont maintenues à des niveaux élevés, tandis que les dispositifs plus globaux couvrant un large éventail de produits sidérurgiques et de partenaires commerciaux ont gagné du terrain. Le Brésil, le Canada, l'Inde, le Mexique et les États-Unis ont tous relevé leurs droits de douane sur de nombreux produits sidérurgiques de base. Alors que les mesures de sauvegarde sont sur le point d'expirer, l'Union européenne et le Royaume-Uni ont annoncé des dispositifs d'ampleur pour soutenir leurs industries sidérurgiques et mieux faire face aux effets négatifs des surcapacités structurelles mondiales.

Les détournements de flux et les courants d'échanges suspects, y compris les pratiques de contournement, compromettent l'efficacité des mesures commerciales

Près de 400 mesures AD/CVD actives, introduites depuis 2016, étaient en vigueur en 2025, et, sur cette seule année, 75 nouvelles enquêtes ont été ouvertes – un chiffre en léger recul par rapport à 2024, mais restant proche des niveaux observés lors de la dernière crise de l'acier. Toutefois, les analyses en cours de l'OCDE suggèrent que les mesures commerciales font l'objet de contournements actifs. À la suite des mesures antidumping/compensateures prises par les pays Membres de l'OCDE à l'encontre de l'acier chinois en 2023 et 2024, les importations en provenance de Chine ont diminué comme prévu. Cependant, dans 88 cas, les exportations chinoises de ces mêmes produits vers les pays de l'Association des nations de l'Asie du Sud-Est (ASEAN) ont augmenté, et dans 51 cas, les exportations des mêmes produits depuis les pays de l'ASEAN vers les marchés de l'OCDE se sont accrues. Parallèlement, la forte hausse de 300 % des exportations chinoises d'acier semi-fini vers l'Asie du Sud-Est suggère que des produits bruts sont expédiés vers des pays tiers, transformés, puis réexportés afin de contourner les mesures initiales. Les exportateurs exploitent également l'extrême diversité des produits sidérurgiques – soit environ 3 500 nuances d'acier – en procédant à de légères modifications afin de faire sortir leurs exportations du champ d'application des dispositifs ciblés, ce qui explique en partie pourquoi les pays s'orientent vers des mesures commerciales plus globales, plus difficiles à contourner.

Les intrants de la production sidérurgique font l'objet de restrictions commerciales croissantes. Les restrictions commerciales sur les minerais de chrome et de nickel se multiplient, et bien que l'acier demeure, pour l'instant, le principal débouché de ces minerais, la demande liée aux batteries, à la transition énergétique et à la défense pourrait créer à l'avenir des tensions entre usages concurrents. La ferraille, intrant essentiel de la sidérurgie électrique, est de plus en plus considérée comme une matière première stratégique, et ses exportations sont désormais restreintes par 42 pays. Des restrictions similaires ont été introduites sur les marchés du chrome et du nickel.

De nouvelles initiatives peuvent permettre de stimuler le redressement du secteur

L'OCDE s'emploie à renforcer la coopération internationale nécessaire pour s'attaquer aux causes profondes de la crise. Les membres du Forum mondial sur les surcapacités sidérurgiques (FMSS) travaillent à l'élaboration d'un nouveau cadre global d'action commune pour 2026, visant à traiter les causes profondes et les effets négatifs des excédents mondiaux de capacité. Parallèlement, le Comité de l'acier de l'OCDE renforce actuellement ses travaux de suivi et d'analyse, en développant des outils destinés à améliorer la surveillance des importations et la détection des courants d'échanges suspects susceptibles d'indiquer des pratiques de contournement des mesures commerciales. Les progrès réalisés sur l'ensemble de ces fronts seront essentiels pour parvenir à un redressement durable de l'industrie sidérurgique.

1 Les efforts internationaux pour faire face à la crise sidérurgique s'intensifient

La crise de l'acier s'aggrave. Les subventions et autres mesures et pratiques non fondées sur le marché, qui sont à l'origine des problèmes actuels, continuent de s'étendre, principalement sous l'impulsion de pays extérieurs à la zone OCDE. Le taux médian de subvention des aciéristes chinois a presque doublé depuis 2019, atteignant en 2024 un niveau 15 fois supérieur à celui de leurs homologues de l'OCDE. Les excédents de capacité croissants qui en résultent inondent les marchés internationaux d'exportations faisant l'objet de dumping et de subventions, qui bénéficient également d'autres aides publiques ; ces exportations non fondées sur les mécanismes de marché tirent les prix de l'acier vers le bas, fragilisent les chaînes d'approvisionnement et compromettent la sécurité économique des pays Membres de l'OCDE, en dépit d'une mise en œuvre renforcée des mesures commerciales. À ces pressions s'ajoutent les conflits au Moyen-Orient, qui font grimper les coûts de l'énergie et perturbent les flux de matières premières et de produits finis, frappant durement une industrie déjà fragile et fortement consommatrice d'énergie. Une action internationale coordonnée est indispensable pour remédier aux problèmes structurels et à leurs effets.

La crise de l'acier s'aggrave, mais de nouvelles solutions se profilent

La crise des surcapacités dans l'industrie sidérurgique s'est amplifiée. La capacité mondiale de production n'a cessé de croître tandis que la demande s'est contractée, faisant chuter le taux d'utilisation des capacités bien en deçà des niveaux viables. Les excédents de capacité, estimés à 640 millions de tonnes (Mt) en 2025, devraient atteindre 745 Mt d'ici 2028, les estimations tablant sur une progression de la demande de seulement 34 Mt, tandis que la capacité pourrait s'accroître de près de 139 Mt entre 2026 et 2028 (Graphique 1.1). Si ces projections se concrétisent, les surcapacités mondiales en 2028 excéderont la production actuelle d'acier de l'OCDE de près de 320 Mt.

Graphique 1.1. Les surcapacités sidérurgiques mondiales devraient atteindre 745 millions de tonnes d'ici 2028

Capacité de production et demande d'acier brut, 2019-2025 et estimations 2026-2028, en millions de tonnes (Mt)

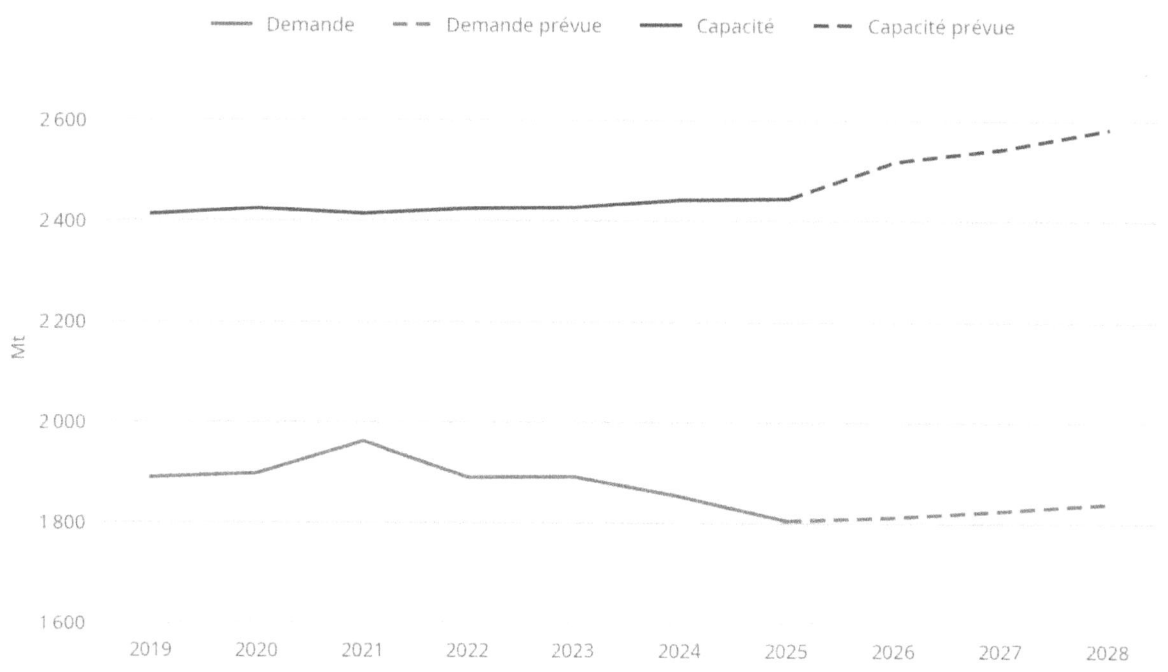

Note : la capacité de production et la demande d'acier sont exprimées en équivalent acier brut. Les prévisions de capacité reposent sur les projets annoncés, en cours ou planifiés.
Source : OCDE pour la capacité ainsi que toutes les estimations et prévisions de capacité et de demande. Les chiffres de la demande pour 2019-2023 reposent sur les données de la World Steel Association, et pour 2024-2028 sur des calculs de l'OCDE.

Les surcapacités exercent une pression sur les marchés internationaux et font baisser les prix, les producteurs, en particulier en Chine, cherchant à maintenir leurs revenus en exportant leurs excédents d'acier vers les marchés étrangers. Ces exportations évincent la production dans les pays importateurs et compromettent la viabilité des industries sidérurgiques soumises aux mécanismes de marché dans le monde entier. Sous l'effet de l'afflux d'importations faisant l'objet de dumping et de subventions, les producteurs des pays Membres de l'OCDE ont vu leur compétitivité s'éroder, tandis que leur position d'exportateurs de produits de haute qualité s'est parallèlement affaiblie, en dépit du renforcement des mesures de défense commerciale. Si les tendances actuelles se poursuivent, la viabilité à long terme du secteur ainsi que la sécurité économique nationale de nombreux pays seront mises à mal.

La majeure partie des excédents de capacité se situent en Chine, dont la part dans l'écart mondial entre capacité et demande a atteint 54 % au troisième trimestre 2025 (GFSEC, 2026[1]). Alors que la demande intérieure stagnait en raison du ralentissement des dépenses d'infrastructure, les producteurs chinois ont réorienté leur production vers les marchés étrangers afin de compenser la baisse de leurs ventes domestiques. Les exportations chinoises d'acier ont ainsi bondi, atteignant un niveau record de 131 Mt en 2025 – soit une hausse de 153 % par rapport à 2020 et un volume supérieur à la production totale d'acier de l'Union européenne en 2025 (Graphique 1.2). Si certains pays ont accueilli favorablement cet acier meilleur marché, d'autres ont réagi en ouvrant de nouvelles enquêtes antidumping (AD) et en engageant d'autres mesures commerciales afin de faire face à ces importations jugées déloyales. Quelque 27 nouvelles procédures ont été engagées contre la Chine en 2025, soit plus d'un tiers de l'ensemble des procédures antidumping et antisubventions (CVD) ouvertes dans le monde la même année.

Graphique 1.2. Les exportations chinoises d'acier ont atteint des niveaux record, à rebours des tendances observées dans les autres régions

Exportations totales d'acier par région, 2019-2025, en Mt (à gauche) ; exportations en part de la production, en % (à droite)

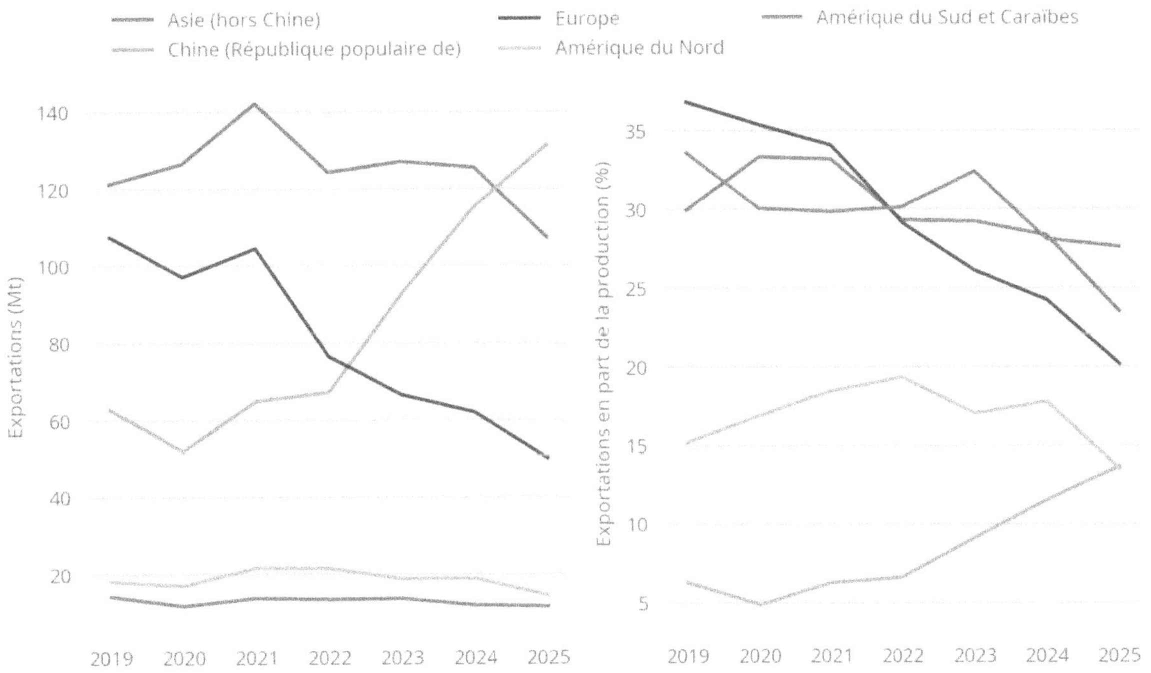

Note : Les exportations de l'Europe excluent les échanges intra-UE27 et celles de l'Asie excluent les échanges intra-ASEAN.
Source : OCDE, d'après les données de l'Iron and Steel Statistics Bureau (ISSB), la base de données statistiques des Nations Unies sur le commerce des marchandises (COMTRADE) et les données de la World Steel Association.

Les mesures commerciales sur l'acier se multiplient et se généralisent à l'échelle mondiale. Au-delà des droits AD/CVD ciblant des produits bien définis, ces mesures ont été étendues pour couvrir un large éventail de produits sidérurgiques et de partenaires commerciaux. Leur efficacité est toutefois mise à mal par un recours croissant aux pratiques de contournement, en particulier dans le cas des droits AD/CVD, les exportateurs faisant transiter leurs expéditions par des pays moins exposés, se reportant sur des produits exclus du champ d'application ou modifiant la désignation des produits afin d'échapper aux mesures en vigueur. De nouvelles formes de contournement continuent d'émerger, ce qui souligne le besoin urgent de consolider les dispositifs de surveillance des importations, la mise en œuvre effective des règles commerciales et les outils de lutte contre ces pratiques. Les mesures commerciales ont également entraîné un effet de détournement, les exportations liées aux excédents de capacité étant réorientées vers certains pays Membres de l'OCDE où la mise en œuvre des règles est plus faible ou les cadres de défense moins développés, ce qui appelle à renforcer les systèmes de suivi.

Les membres du Forum mondial sur les surcapacités sidérurgiques (FMSS) travaillent à l'élaboration d'un nouveau cadre global d'action commune afin de remédier aux effets des mesures et pratiques non fondées sur le marché largement répandues dans le secteur sidérurgique mondial (GFSEC, 2025[2]).

Les mesures et pratiques non fondées sur le marché continuent d'alimenter les excédents de capacité mondiaux et freinent la transition vers une production d'acier à faibles émissions

Les subventions et autres mesures de soutien public ont largement contribué aux excédents de capacité, tant sur le plan national qu'international. De tels dispositifs entraînent des augmentations de capacités qui ne sont pas déterminées par le marché, maintiennent en activité des installations inefficaces et structurellement déficitaires, et confèrent aux entreprises bénéficiaires des avantages concurrentiels qui faussent les règles du jeu. Ces effets sont durables : les subventions utilisées pour financer de nouvelles capacités continueront de pénaliser les concurrents soumis aux conditions de marché pendant plusieurs décennies, compte tenu de la durée de vie habituelle d'une aciérie.

Lorsque les entreprises rivalisent à armes égales, les parts de marché reflètent de véritables avantages en matière d'efficacité et de coûts. En revanche, lorsque des entreprises subventionnées bénéficient de soutiens préférentiels, les producteurs non subventionnés se trouvent structurellement désavantagés et condamnés à perdre du terrain. Une analyse récente de l'OCDE apporte des éléments empiriques montrant comment les subventions affaiblissent les signaux de marché et faussent la concurrence dans le secteur sidérurgique (OCDE, à paraître[3]), en mettant en évidence que plus le niveau de subvention est élevé, plus le lien entre la part de marché d'une entreprise et des indicateurs tels que la rentabilité, l'efficacité des coûts, le taux d'utilisation des capacités et le niveau d'endettement est faible.

Les subventions réduisent les coûts de production, permettant aux entreprises bénéficiaires de pratiquer des prix inférieurs à ceux de leurs concurrents. La généralisation des subventions conduit les acteurs non subventionnés et les potentiels nouveaux arrivants sur le marché à anticiper des marges futures faibles, ce qui réduit leur propension à moderniser leurs installations, à accroître leurs capacités ou même à pénétrer sur le marché. Les entreprises subventionnées peuvent en outre bénéficier d'un accès préférentiel aux marchés publics et à d'autres mesures agissant sur la demande, ce qui oriente les commandes d'acier en leur faveur indépendamment de leur compétitivité réelle. Ce traitement préférentiel comporte parfois une dimension internationale importante : par exemple, la Chine finance des projets d'infrastructure en Afrique et en Asie du Sud-Est, et les entreprises chinoises impliquées dans ces projets s'approvisionnent directement en acier auprès de producteurs nationaux.

Pour parvenir à des solutions durables au problème des excédents de capacité, il est donc nécessaire de s'attaquer aux subventions ainsi qu'aux autres mesures et pratiques non fondées sur le marché, dans la mesure où elles entravent le bon fonctionnement des forces du marché dans le secteur sidérurgique mondial. Les subventions à l'origine de distorsions, à moins d'être limitées par les pays qui les accordent ou découragées par des mesures prises par leurs partenaires commerciaux, continueront d'alimenter des excédents de capacité déjà difficilement soutenables. Elles maintiennent en activité des installations de production à coûts élevés, provoquent l'éviction des producteurs plus efficaces, réduisent le bien-être économique, faussent les échanges et engendrent des frictions commerciales. Elles entraînent également une concentration géographique accrue des activités de production sidérurgique et manufacturière, avec des risques concomitants pour la sécurité économique et la résilience des chaînes d'approvisionnement.

La généralisation des subventions dans les pays ne disposant pas d'une économie de marché ralentit également la transition vers une production d'acier à faibles émissions (OCDE, à paraître[4]). En maintenant en activité des installations à forte intensité d'émissions et inefficaces, ces subventions entravent la fermeture d'actifs fortement émetteurs. Le défi posé par les excédents de capacité mondiaux a déjà conduit au report de plusieurs projets à faibles émissions à travers le monde et limite en outre la possibilité pour les entreprises d'investir dans des technologies à faibles émissions à l'échelle commerciale, en réduisant leurs capacités d'autofinancement et en augmentant leurs coûts d'emprunt.

Les taux de subvention de l'acier sont en hausse, principalement en dehors de la zone OCDE

Les subventions et autres formes de soutien faussant le jeu du marché continuent d'augmenter, principalement en dehors de la zone OCDE. En Chine, l'aciériste type (médiane) bénéficie désormais, sous forme d'aides financières directes, d'avantages fiscaux et d'emprunts accordés à des taux inférieurs aux conditions du marché, d'un niveau de soutien rapporté à la taille de ses actifs quinze fois supérieur à celui d'une entreprise type située ailleurs dans le monde, contre dix fois supérieur ces dernières années (Graphique 1.3). Les taux de subvention du secteur sidérurgique chinois ont presque doublé depuis 2019. En l'absence de réformes structurelles fondées sur le marché, ce niveau de soutien continuera d'entretenir les excédents de capacité pendant de nombreuses années.

En 2025, les mesures de soutien chinoises ont notamment pris la forme de 59 nouveaux programmes de subventions provinciaux et municipaux destinés à soutenir l'industrie sidérurgique nationale (OCDE, à paraître[5]), comprenant des aides financières directes et des dispositifs de financement préférentiel. Trois catégories de mesures potentiellement génératrices de distorsions se distinguent particulièrement. La première subordonne directement le soutien des pouvoirs publics aux volumes de production effectivement réalisés ou aux performances commerciales, réduisant ainsi les coûts marginaux d'exploitation des entreprises, encourageant le maintien des niveaux de production et retardant la fermeture des installations marginales. La deuxième catégorie regroupe d'importants programmes de crédit préférentiel, pilotés par les pouvoirs publics, en faveur des producteurs sidérurgiques déjà établis sans exigences explicites de réduction des capacités. La troisième fausse directement les échanges commerciaux : plusieurs provinces intègrent des dispositifs de promotion des exportations dans des stratégies plus larges de modernisation industrielle, combinant des instruments de réduction des coûts et des mesures facilitant l'accès aux marchés étrangers. Dans plusieurs cas, ces dispositifs subordonnent explicitement les aides à la compétitivité à l'exportation, ce qui est susceptible d'alimenter la surproduction et de prolonger la durée de vie d'installations non viables.

Graphique 1.3. Les subventions à l'industrie sidérurgique se poursuivent sans fléchir dans certaines économies non Membres de l'OCDE

Subventions rapportées aux actifs, médiane, 2006-2024

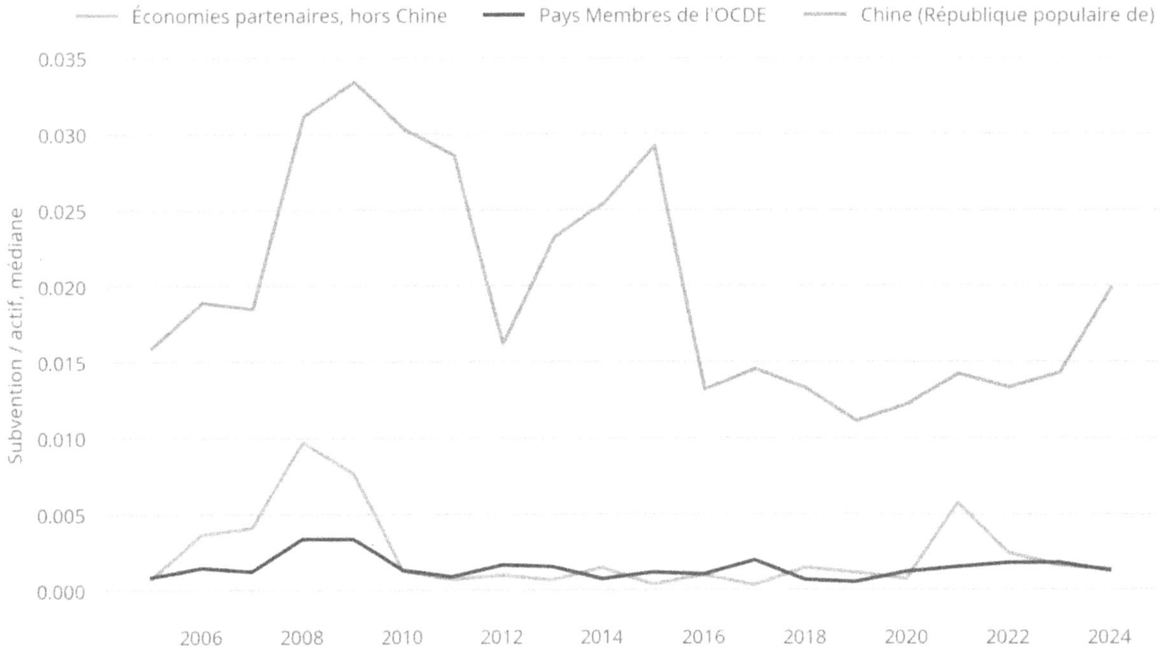

Note : Aides financières directes, emprunts accordés à des taux inférieurs aux conditions du marché et avantages fiscaux de l'aciériste type (médiane), exprimés en part des actifs de l'entreprise.
Source : Base de données MAGIC de l'OCDE.

Le soutien public au secteur sidérurgique a pris une ampleur croissante dans les régions où les capacités de production se développent rapidement, notamment au Moyen-Orient et en Afrique du Nord (MENA), ainsi qu'au sein de l'Association des nations de l'Asie du Sud-Est (ASEAN) (OCDE, 2025[6]). Les données actualisées montrent que les producteurs d'acier de la région MENA continuent de bénéficier d'un large éventail de subventions, reflétant le rôle stratégique attribué à ce secteur dans la plupart des plans nationaux de développement industriel (OCDE, 2025[7]). Ces dispositifs comprennent des subventions énergétiques sur l'électricité et le gaz naturel, des traitements préférentiels accordés aux entreprises publiques, des financements à conditions avantageuses, des aides liées aux marchés publics, ainsi que des incitations fiscales et réglementaires. Certains pays de la région subventionnent en outre d'autres intrants de la production sidérurgique et mettent en œuvre des programmes d'investissement stratégique, des zones industrielles et des coentreprises pilotées par l'État. Certaines de ces mesures encouragent également l'intégration en aval avec les industries consommatrices locales, soutenant ainsi la demande d'acier produit par les producteurs nationaux. Les travaux de l'OCDE montrent que, si les subventions énergétiques demeurent la principale source de distorsions du marché, l'effet cumulé de l'ensemble de ces dispositifs est de maintenir des niveaux de production d'acier bien supérieurs à ceux que permettrait la seule demande de marché, avec des effets d'entraînement sur les marchés internationaux. Ces dispositifs de soutien nationaux sont de plus en plus amplifiés par les investissements transnationaux. Environ un cinquième des investissements futurs dans les capacités de production à l'échelle mondiale concerne des investissements transnationaux appuyés par des États, dont plus de la moitié impliquent des entreprises chinoises, souvent dans le cadre de coentreprises avec participation d'entreprises publiques. Environ 86 % de ces investissements liés à la Chine concernent des installations intégrées à fortes émissions, la majorité étant concentrée en Asie.

La cause profonde de la crise réside dans la persistance de mesures et pratiques non fondées sur le marché dans de nombreuses économies d'origine. Les subventions faussent les coûts et nuisent à la compétitivité des producteurs soumis aux mécanismes de marché ; en outre, des augmentations de capacités déconnectées de la demande intérieure conduisent à reporter les excédents de production sur les marchés mondiaux. Ces deux dynamiques, bien que distinctes, appellent toutes deux des réformes structurelles dans les pays concernés. Les instruments commerciaux déployés par les pays importateurs visent à lutter contre les pratiques de dumping et les subventions, mais ils s'attaquent aux effets plutôt qu'aux causes du déséquilibre.

Les mesures commerciales se multiplient, tout comme les efforts visant à les contourner et à en limiter l'efficacité

Les mesures commerciales visant à répondre aux effets de la crise actuelle se multiplient à l'échelle mondiale (OCDE, à paraître[8]). Elles recouvrent les mesures correctives, telles que les droits AD/CVD ciblant des produits et des pays spécifiques, ainsi que des dispositifs plus larges couvrant de vastes catégories de produits sidérurgiques et un ensemble étendu de partenaires commerciaux. Ces dispositifs incluent également des mesures destinées à faire face à des préjudices graves liés à des hausses soudaines des importations, ainsi qu'à protéger la sécurité nationale, notamment sur le plan économique. Les mesures en matière de droits AD/CVD, lorsqu'elles sont étroitement ciblées, permettent de traiter des cas précis de pratiques commerciales déloyales, mais elles ne sont ni conçues ni suffisantes pour répondre aux effets majeurs des excédents de capacité mondiaux sur les marchés de l'acier, pas plus qu'elles ne permettent de remédier aux conséquences d'un acier faisant l'objet de pratiques de dumping ou de subventions sur les industries en aval (par exemple, la construction navale, l'automobile ou les équipements lourds).

395 mesures AD/CVD actives, introduites depuis 2016, étaient en vigueur en 2025. Au cours de l'année, 75 nouvelles enquêtes ont été ouvertes, un niveau légèrement inférieur à celui de 2024, mais témoignant d'un effort soutenu dans la mise en œuvre des règles. La Chine demeure la principale cible de ces enquêtes, avec 27 cas la concernant. Dix-huit pays ont engagé des procédures, en tête desquels le Canada (20) et le Brésil (9). Le Japon a également rejoint le groupe des pays plaignants, en ouvrant des enquêtes visant la Chine, le Taipei chinois et la Corée.

Si les enquêtes demeurent longues et complexes, leurs délais de traitement se sont toutefois réduits : la durée moyenne entre l'ouverture d'une enquête et l'imposition de droits provisoires est passée de 200 à 144 jours en 2025. Cependant, l'efficacité de ces mesures est de plus en plus mise à mal par les pratiques de contournement des mesures commerciales. Une analyse antérieure de l'OCDE a montré que près d'un cinquième des produits sidérurgiques soumis à des mesures AD/CVD ont donné lieu à des détournements de flux commerciaux fortement évocateurs d'un contournement des droits (OCDE, 2022[9]), tandis que les analyses les plus récentes confirment que ce type de pratiques demeure largement répandu sur les marchés mondiaux (OCDE, à paraître[10]).

S'appuyant sur un nouvel ensemble de données couvrant plus de 260 cas au niveau des produits et des pays, l'analyse montre qu'à la suite des enquêtes en matière de droits antidumping et compensateurs engagées par les pays Membres de l'OCDE à l'encontre de la Chine en 2023 et 2024, les importations de l'OCDE en provenance de Chine pour les produits concernés ont diminué, comme attendu. Toutefois, dans 88 cas, les exportations chinoises de ces mêmes produits vers les pays de l'ASEAN ont augmenté, et dans 51 de ces cas, les exportations de produits identiques depuis les pays de l'ASEAN vers les marchés de l'OCDE ont ensuite progressé. Les détournements les plus marqués ont été observés pour les tôles et les larges bandes laminées à chaud. Confirmant cette dynamique, les exportations chinoises d'acier semi-fini vers l'Asie du Sud-Est ont bondi de 300 % en 2025, suggérant un approvisionnement en matières premières destiné à des produits laminés en aval, ultérieurement exportés par les pays de l'ASEAN vers les marchés de l'OCDE.

Ces courants d'échanges suspects illustrent la manière dont le transbordement via des pays tiers contribue activement à saper l'efficacité des mesures commerciales ciblées, même si ces pratiques ne représentent qu'un des nombreux canaux par lesquels l'acier excédentaire exerce un impact à l'échelle mondiale (voir Graphique 1.4).

Avec 3 500 nuances d'acier commercialisées dans une grande diversité de formes et de dimensions, les possibilités de procéder à de légères modifications de produit afin de soustraire les exportations au champ d'application des droits AD/CVD sont nombreuses. C'est l'une des principales raisons pour lesquelles des mesures commerciales de portée plus large et plus globale s'avèrent plus efficaces pour faire face aux effets des excédents de capacité. Ainsi, un exportateur d'acier faisant l'objet d'une mesure AD/CVD sur de l'acier galvanisé à chaud peut exporter le matériau de base vers un pays tiers, où il sera revêtu avant d'être réexporté vers le marché d'origine sous forme d'acier galvanisé, échappant ainsi au champ d'application de la mesure initiale. De même, l'expédition d'un produit laminé à chaud vers un pays tiers en vue d'un laminage à froid modifie entièrement son code tarifaire à quatre chiffres, permettant de contourner les droits antidumping et compensateurs. De telles pratiques de contournement ne sont généralement pas possibles dans le cadre de mesures de sauvegarde plus larges, lesquelles couvrent habituellement la majorité des produits sidérurgiques en provenance de la plupart des pays.

Les détournements de flux constituent un autre défi : l'acier évincé d'un marché à la suite d'une mesure commerciale réapparaît simplement sur un autre. Les mesures commerciales, en particulier les droits AD/CVD, sont des instruments nationaux destinés à traiter spécifiquement les importations faisant l'objet de pratiques commerciales déloyales sur un marché donné et causant un préjudice à l'industrie nationale ; elles ne sont pas conçues pour corriger les distorsions affectant d'autres marchés. Une nouvelle analyse montre que ce phénomène a réduit l'efficacité globale des mesures visant à limiter l'accès d'un acier faussé aux marchés de l'OCDE (OCDE, à paraître[8]). L'acier chinois soumis à des mesures antidumping par certains membres du Comité de l'acier de l'OCDE a ainsi fréquemment été réorienté vers d'autres membres dont les dispositifs de mise en œuvre sont moins stricts, déplaçant le problème plutôt que de le résoudre.

Graphique 1.4. Canaux de transmission des excédents de capacité à l'échelle mondiale

Note : Le commerce mondial de l'acier fonctionne comme un système interconnecté, dans lequel les chocs survenant sur un marché (et notamment les hausses d'exportations liées aux excédents de capacité) se transmettent entre les pays et les chaînes de valeur, modifiant les courants d'échange et les dynamiques concurrentielles. Les excédents de capacité affectent les flux commerciaux par deux types de canaux. Le premier type, à savoir les canaux induits par les excédents de capacité du marché, renvoie aux exportations directement générées par les excédents de capacité dans l'économie d'origine. Le second type, correspondant aux canaux induits par les mesures commerciales, résulte des mesures de défense mises en œuvre par certains pays pour atténuer les effets des importations d'acier à bas prix. IDI : investissement direct international.
Source : OCDE (2025[11]).

Le commerce indirect de l'acier, dans lequel l'acier issu d'excédents de capacité et visé par des mesures commerciales est incorporé dans des produits en aval tels que les conteneurs métalliques, les fixations, les outils portatifs et certains types de machines et d'équipements, constitue un défi supplémentaire en matière de contournement. Des études de cas montrent que les mesures commerciales appliquées aux produits sidérurgiques, tout en réduisant les importations directes d'acier, s'accompagnent généralement d'une augmentation des échanges de produits en aval, ce qui est susceptible de neutraliser en partie l'efficacité des mesures initiales. L'investissement direct international (IDI) dans des aciéries à l'étranger pose un problème connexe : bien que l'IDI constitue une évolution naturelle du marché lorsque les entreprises cherchent à se positionner sur des marchés en croissance, il peut également servir de canal de contournement. En investissant dans des installations de production ou de transformation sidérurgiques dans des pays tiers, les entreprises peuvent maintenir leur présence sur les marchés et réorienter leurs exportations entre juridictions en fonction de l'évolution des mesures commerciales, ou investir directement sur un marché cible afin d'y garantir un accès continu, indépendamment des mesures en vigueur.

La Chine se montre particulièrement active en matière d'investissements à l'étranger, les investissements transnationaux représentant environ 21 % de l'ensemble des futurs investissements mondiaux dans les capacités de production sidérurgique, dont plus de la moitié impliquent soit une entreprise chinoise seule, soit des coentreprises avec des entreprises chinoises, dont beaucoup sont publiques (OCDE, à paraître[12]). Ces investissements sont très largement concentrés en Asie, qui représente plus de 93 % du total, le solde étant dirigé vers l'Afrique. Fait notable, environ 86 % des investissements transnationaux chinois concernent de grandes installations fondées sur des hauts fourneaux, lesquelles fonctionnent généralement à une échelle plus importante et avec une intensité d'émissions plus élevée que celles utilisant des fours à arc électrique, ce qui suscite des préoccupations tant en matière d'accroissement des capacités que de trajectoire carbone.

Les restrictions à l'exportation et les tensions sur les matières premières viennent aggraver la menace que font peser les excédents de capacité sur la viabilité du secteur

La crise des excédents de capacité exerce une pression à la baisse sur les prix de l'acier en raison d'une offre excédentaire sur les marchés internationaux, tandis que l'industrie est simultanément confrontée à une hausse des coûts des intrants provoquée par l'extension des restrictions à l'exportation sur certaines matières premières utilisées dans la sidérurgie, notamment la ferraille, le minerai de chrome et le minerai de nickel. Si ces excédents pèsent sur les prix de l'acier, la hausse des coûts des intrants et le renforcement des restrictions à l'exportation de matières premières engendrent des risques supplémentaires à long terme sur la viabilité du secteur et appellent un suivi attentif.

Aucun pays producteur d'acier n'est pleinement autosuffisant pour ce qui est des matières premières et des minerais nécessaires à son industrie. La production dépend d'un large éventail d'intrants, allant des matériaux traditionnels tels que le minerai de fer, le charbon métallurgique et la ferraille, aux matériaux d'alliage et d'amélioration des propriétés tels que le ferromanganèse, le chrome et le nickel, ainsi qu'au zinc et à l'étain utilisés pour la galvanisation et les revêtements. Chacun de ces intrants intervient à différentes étapes de la chaîne de valeur de l'acier, de la production primaire de fonte aux opérations de finition avancées. Il devient toutefois de plus en plus difficile de sécuriser l'accès à ces ressources, dans la mesure où nombre d'entre elles sont géographiquement concentrées, exposées à des tensions géopolitiques et soumises à une intensification des restrictions commerciales. Le nickel et le chrome sont les matières ayant connu la progression la plus rapide des restrictions ces dernières années (OCDE, 2025[13]), celles-ci étant généralement mises en place afin de favoriser la transformation domestique et la création de valeur en aval. La ferraille est également de plus en plus considérée comme un intrant stratégique, certains pays limitant ses exportations afin de sécuriser leur approvisionnement intérieur et, compte tenu de son rôle dans la production d'acier à faibles émissions via les fours à arc électrique, de soutenir leurs objectifs de réduction des émissions.

Le secteur sidérurgique est également confronté à une concurrence croissante pour l'accès à des matières premières critiques de la part d'autres industries stratégiques (OCDE, à paraître[14]). La plupart des stratégies nationales relatives aux minerais critiques sont principalement orientées vers la sécurisation des approvisionnements destinés à la transition énergétique, aux technologies numériques, à l'aérospatiale, à la défense et à la fabrication avancée, la sidérurgie étant souvent reléguée au second plan. À mesure que plusieurs intrants essentiels à la production d'acier gagnent en importance pour ces secteurs, leur disponibilité et leur accessibilité financière pour les producteurs d'acier subissent une pression croissante.

L'évolution de la demande engendre des tensions entre usages concurrents, dans la mesure où des minerais historiquement destinés à la sidérurgie sont réaffectés en priorité à d'autres industries stratégiques, y compris lorsque la production d'acier est elle-même indispensable à la fabrication des produits dont ces secteurs ont besoin. Alors que les goulets d'étranglement et les vulnérabilités des chaînes d'approvisionnement en minerais s'accentuent, et que les mesures prises au niveau national dans un pays affectent de plus en plus les industries sidérurgiques d'autres pays, la nécessité d'une meilleure coordination internationale devient de plus en plus difficile à ignorer.

Les tensions géopolitiques au Moyen-Orient ajoutent un degré de complexité supplémentaire. Les coûts de l'énergie, qui représentent généralement entre 20 % et 40 % du coût total de production de l'acier, avec de fortes disparités selon les régions (Worldsteel, 2021[15]), pèseront sur les marges financières des entreprises sidérurgiques. La hausse des taux de fret et les retards d'expédition augmentent également les coûts supportés par les aciéristes, tandis que le possible détournement des flux d'exportation chinois d'acier hors de la région est susceptible d'accroître la pression des importations sur d'autres marchés.

La coopération internationale offre la perspective de solutions durables à la crise

Les efforts actuels visant à remédier aux effets des excédents de capacité à l'échelle mondiale restent très insuffisants pour contrer la hausse des exportations faisant l'objet de dumping et de subventions, et pour établir des règles du jeu équitables dans lesquelles les investissements, la production et les échanges sont déterminés par le marché. Le caractère généralisé des subventions et des pratiques de dumping engendre de fortes distorsions qui aggravent ces déséquilibres et faussent les relations commerciales, tandis que la plupart des mesures commerciales n'offrent qu'un répit temporaire et ne s'attaquent pas aux causes profondes de la crise. La poursuite attendue de cette dynamique jusqu'en 2028 rend plus pressante encore la nécessité d'intensifier l'action nationale et internationale.

Conscients de l'urgence de la crise, les ministres du FMSS se sont engagés à s'attaquer aux causes profondes et aux effets négatifs des excédents de capacité mondiaux dans le secteur sidérurgique, en élaborant un nouveau cadre global pour une action commune. Réunissant 28 grandes économies productrices, représentant près de 70 % des importations mondiales d'acier, ces efforts constituent la réponse collective la plus significative à ce jour face à la crise que connaît le secteur, et ouvrent la perspective la plus prometteuse à ce stade pour instaurer des règles du jeu véritablement équitables à l'échelle mondiale pour l'industrie sidérurgique.

Références

GFSEC (2026), *GFSEC Steel Excess Capacity Monitoring Bulletin*, https://www.steelforum.org/content/dam/steel-forum/en/publications/Q1%202026%20GFSEC%20Excess%20Capacity%20Bulletin.pdf. [1]

GFSEC (2025), *Global Forum on Steel Excess Capacity Ministerial Statement*, https://www.steelforum.org/content/dam/steel-forum/en/publications/2025%20GFSEC%20Ministerial%20Statement.pdf (consulté le 15 janvier 2026). [2]

OCDE (2025), « Annual market and policy report on steelmaking raw materials: 2025 Edition », Document de l'OCDE non classifié, DSTI/SC(2025)15/FINAL, https://one.oecd.org/document/DSTI/SC(2025)15/FINAL/en/pdf. [13]

OCDE (2025), *OECD Steel Outlook 2025*, Éditions OCDE, Paris, https://doi.org/10.1787/28b61a5e-en. [6]

OCDE (2025), « Steel Market and Subsidies Monitoring Update », Document de l'OCDE non classifié, DSTI/SC(2025)10/FINAL, https://one.oecd.org/document/DSTI/SC(2025)10/FINAL/en/pdf. [7]

OCDE (2025), « Steel trade and trade policy developments: 2025 Edition », Document de l'OCDE non classifié, DSTI/SC(2025)13/FINAL, https://one.oecd.org/document/DSTI/SC(2025)13/FINAL/en/pdf?sessionId=1776433533107. [11]

OCDE (2022), « Assessing the extent of potential trade measure circumvention behaviours in global steel trade », Document interne, DSTI/SC(2022)5. [9]

OCDE (à paraître), « Developments in international steel markets: Rising subsidisation and persistent market imbalances », Éditions OCDE, Paris. [5]

OCDE (à paraître), « Latest developments in steelmaking capacity and outlook until 2028: Interim update of capacity data and projections », Éditions OCDE, Paris. [12]

OCDE (à paraître), « Navigating transition and excess capacity », Éditions OCDE, Paris. [4]

OCDE (à paraître), « Securing raw materials for the steel value chain amidst competing policy priorities », Éditions OCDE, Paris. [14]

OCDE (à paraître), « Steel trade and trade policy developments », Éditions OCDE, Paris. [8]

OCDE (à paraître), « Steel trade circumvention », Éditions OCDE, Paris. [10]

OCDE (à paraître), « Subsidies and market share », Éditions OCDE, Paris. [3]

Worldsteel (2021), « Energy use in the steel industry », https://worldsteel.org/wp-content/uploads/Fact-sheet-Energy-use-in-the-steel-industry.pdf (consulté le 6 mai 2026). [15]

2 Perspectives du marché et de l'industrie sidérurgiques

Le marché sidérurgique mondial reste confronté à de fortes pressions. La demande mondiale d'acier s'est contractée pendant quatre années consécutives, le rythme du recul s'étant accéléré pour atteindre un niveau estimé à 2.6 % en 2025. Les projections pour 2026 font état d'une demande mondiale quasi stagnante, avant une reprise progressive qui porterait celle-ci à 1 885 millions de tonnes d'ici 2030. Alors que la demande en Chine devrait poursuivre son déclin tendanciel au cours des prochaines années, la zone OCDE devrait enregistrer une croissance modeste à court terme. À l'inverse, l'Inde, l'Asie du Sud-Est, la région Moyen-Orient et Afrique du Nord (MENA), ainsi que d'autres économies en développement, continuent d'afficher des perspectives de croissance plus favorables. La croissance de la production sidérurgique demeure concentrée dans les économies émergentes, en particulier en Inde et dans certains pays de l'Association des nations de l'Asie du Sud-Est (ASEAN), portée par les dépenses d'infrastructure, l'industrialisation et les nouvelles capacités de production. Dans le même temps, la rentabilité du secteur reste faible, reflétant les pressions exercées par les excédents de capacité et de production sur les prix de l'acier. Les échanges mondiaux d'acier connaissent d'importantes recompositions, dans la mesure où la Chine et d'autres régions confrontées à des excédents de capacité continuent d'inonder les marchés internationaux. Parallèlement, alors même que les mesures commerciales se multiplient, les signes de leur contournement se font de plus en plus nombreux.

La demande mondiale d'acier reste fragile en 2026 et au-delà

La demande mondiale d'acier devrait progresser de 0.4 % pour atteindre 1.8 milliard de tonnes en 2026, après une contraction estimée à 2.6 % en 2025, la reprise devant rester inégale et concentrée géographiquement (Tableau 2.1). Toutefois, les évolutions récentes au Moyen-Orient laissent entrevoir une plus grande incertitude quant aux perspectives régionales de demande, avec d'éventuelles répercussions à la baisse sur la demande mondiale d'acier en 2026 (Worldsteel, 2026[1]). À l'échelle régionale, l'Afrique devrait continuer d'afficher une forte croissance de la demande en 2026, tandis que la demande en Asie, de loin le plus grand marché régional de l'acier au monde, devrait légèrement progresser en 2026, après un net recul en 2025. Les pays Membres de l'OCDE devraient enregistrer une légère hausse de la demande en 2026, après un faible recul en 2025. D'ici 2030, la croissance de la demande mondiale pourrait se limiter à 0.9 % par an, portée principalement par l'Asie et l'Afrique.

Tableau 2.1. Demande mondiale d'acier par région, 2025 et projections pour 2026 et 2030

Région	2025		2026		2030	
	Mt	Variation, %	Mt	Variation, %	Mt	TCAC 2025-2030, %
Chine (République populaire de)	830.94	-6.9	826.22	-0.6	817.84	-0.3
Union européenne (27) et Royaume-Uni	151.51	-1.2	153.65	1.4	157.01	0.7
Inde	163.71	9.8	174.72	6.7	209.46	5.1
Accord Canada-États-Unis-Mexique (ACEUM)	144.33	-0.3	145.16	0.6	147.42	0.4
Japon et Corée	100.98	-5.1	101.76	0.8	99.07	-0.4
Association des nations de l'Asie du Sud-Est (ASEAN)	93.35	4.3	96.62	3.5	110.92	3.5
Communauté des États indépendants (CEI)	58.06	-6.2	60.28	3.8	68.01	3.2
Moyen-Orient	65.82	6.4	66.90	1.6	74.43	2.5
Amérique centrale et Amérique du Sud	51.84	0.7	53.08	2.4	56.08	1.6
Autres Europe	48.73	-0.7	50.26	3.1	54.18	2.1
Autres Asie	36.12	-8.0	37.21	3.0	39.55	1.8
Afrique	36.28	16.1	37.89	4.4	42.09	3.0
Océanie	8.09	8.3	8.20	1.4	8.52	1.1
Monde	**1 804.87**	**-2.6**	**1 811.93**	**0.4**	**1 884.58**	**0.9**
Monde hors Chine	973.94	1.4	985.71	1.2	1 066.74	1.8
OCDE	451.45	-1.5	456.94	1.2	464.09	0.6
Hors OCDE	1 353.42	-2.9	1 354.98	0.1	1 420.50	1.0
Économies développées	367.66	-2.1	371.06	0.9	372.12	0.2
Économies émergentes	1 437.22	-2.7	1 440.86	0.3	1 512.46	1.0
Économies émergentes hors Chine	606.28	3.7	614.65	1.4	694.62	2.8

Note : La demande d'acier est mesurée en équivalent acier brut. Le TCAC (taux de croissance annuel composé) correspond au taux de croissance annuel moyen attendu. Mt : millions de tonnes.
Source : Secrétariat du Comité de l'acier de l'OCDE.

Asie et Océanie

En Chine, la demande d'acier a fortement reculé en 2025, de 6.9 %, reflétant la poursuite du ralentissement du secteur immobilier. En janvier 2026, les pouvoirs publics ont officiellement abandonné la politique dite des « trois lignes rouges », qui visait à limiter l'endettement des promoteurs et à réduire les risques financiers. Ces restrictions avaient toutefois provoqué une crise de liquidité chez les promoteurs (Reuters, 2026[2]). Ce changement de politique est néanmoins considéré comme n'apportant qu'un soutien limité au secteur, la confiance des acheteurs restant faible et les prix des logements neufs poursuivant leur baisse. L'activité de construction demeure ainsi atone. La demande devrait encore se contracter de 0.6 % en 2026, traduisant un ralentissement prolongé des activités en aval, susceptible de se poursuivre jusqu'en 2030 (S&P Global, 2026[3]).

En 2025, l'Inde a enregistré une forte croissance de la demande d'acier de 9.8 %, portée par la poursuite des investissements dans les infrastructures et l'activité de construction (GMK Center, 2026[4]). La consommation devrait encore progresser de 6.7 % en 2026 et rester relativement soutenue jusqu'en 2030.

La demande d'acier dans les pays de l'Association des nations de l'Asie du Sud-Est (ASEAN) a progressé de 4.3 % en 2025 et devrait encore croître de 3.5 % en 2026, la croissance devant se maintenir à un rythme comparable jusqu'en 2030. Les perspectives régionales sont soutenues par les investissements dans les infrastructures et l'expansion du secteur manufacturier, les pouvoirs publics accordant la priorité au renforcement des réseaux de transport, aux systèmes énergétiques et au développement de zones industrielles (Kallanish, 2025[5] ; Yieh Corp, 2026[6]).

La demande combinée d'acier au Japon et en Corée a reculé de 5.1 % en 2025, reflétant la faiblesse de la consommation intérieure et le ralentissement de l'activité manufacturière. Elle devrait n'augmenter que légèrement de 0.8 % en 2026, avant de repartir progressivement à la baisse jusqu'en 2030. En Corée, la faiblesse de la demande sera partiellement compensée par l'activité des secteurs de la construction navale et des infrastructures. Par ailleurs, le gouvernement a annoncé un plan de soutien au secteur sidérurgique, qui vise toutefois principalement à renforcer la compétitivité des producteurs et à favoriser la modernisation du secteur, plutôt qu'à stimuler directement la demande d'acier (GMK Center, 2025[7]).

Amériques

Aux États-Unis, la demande d'acier a progressé de 0.7 % en 2025 et devrait encore s'apprécier de 0.6 % en 2026, soutenue par les dépenses d'infrastructures publiques et par une politique industrielle visant à renforcer la production manufacturière nationale. La construction navale pourrait constituer un moteur supplémentaire de la demande d'acier, stimulée par le Plan d'action maritime américain publié par la Maison-Blanche en février 2026, qui vise à revitaliser les capacités des chantiers navals américains au moyen d'investissements fédéraux et d'une réforme de la commande publique. Si ces mesures sont mises en place comme prévu, elles pourraient progressivement accroître la demande de produits à forte intensité d'acier, tels que les tôles et les profilés structurels (Maison Blanche, 2026[8]). Parallèlement, la poursuite des investissements dans le secteur manufacturier et les infrastructures numériques, notamment les centres de données, ainsi que les effets des programmes publics d'infrastructures, devrait également soutenir la demande d'acier (Worldsteel, 2026[1]).

Au Canada, la demande d'acier est estimée avoir progressé d'environ 2.7 % en 2025 et devrait augmenter modérément d'environ 0.9 % en 2026. Si les perspectives globales restent contraintes par les incertitudes commerciales, les récentes initiatives de politique publique témoignent d'un soutien continu aux secteurs consommateurs d'acier en aval. Ainsi, le gouvernement fédéral a annoncé en février 2026 une nouvelle stratégie automobile mettant l'accent sur la production nationale de véhicules, les chaînes d'approvisionnement des batteries et les investissements dans les technologies propres, soutenue par des financements industriels, des incitations fiscales et des mesures visant à renforcer la part de production réalisée au Canada dans les chaînes d'approvisionnement, notamment en acier et en aluminium (Gouvernement du Canada, 2026[9]).

Au Mexique, la demande d'acier a fortement reculé en 2025, de l'ordre de 4.6 %, tandis que les importations d'acier asiatique à bas prix ont fortement augmenté. La reprise à court terme devrait être progressive, dans un contexte où l'activité en aval demeure atone. Une amélioration plus marquée supposerait toutefois un redressement plus soutenu de l'activité industrielle ainsi qu'une normalisation des flux commerciaux régionaux. À mesure que l'activité économique devrait progressivement se redresser, la demande d'acier devrait atteindre son point le plus bas avant d'amorcer une reprise en 2026 (OCDE, 2026[10]).

En Amérique centrale et en Amérique du Sud, la demande d'acier devrait avoir enregistré une légère hausse de 0.7 % en 2025 et de 2.4 % en 2026, reflétant des dynamiques contrastées au sein des secteurs en aval. Les secteurs de la construction et de l'automobile en Amérique latine ont affiché une croissance modeste, la production de machines progressant plus fortement, tandis que les biens d'équipement domestiques ont reculé (ALACERO, 2026[11]). La région a par ailleurs enregistré des niveaux record d'importations en raison des excédents mondiaux de capacité. La demande d'acier devrait progressivement se redresser, avec une croissance attendue de 2.4 % en 2026.

Europe

La demande d'acier dans l'UE-27 et au Royaume-Uni a reculé de 1.2 % en 2025, reflétant la faiblesse de l'activité industrielle et de la construction, ainsi que les pressions persistantes sur les secteurs manufacturiers à forte intensité énergétique. Si la demande d'acier devrait connaître un redressement modéré de 1.4 % en 2026, les perspectives restent incertaines. Elles dépendront en grande partie de la compétitivité des secteurs en aval, qui est elle-même affectée par les coûts de l'énergie et d'autres intrants.

La France a enregistré l'une des plus fortes baisses en Europe, la demande d'acier ayant reculé de 12.6 % en 2025, sous l'effet de la faiblesse de l'activité de construction et du ralentissement de l'activité manufacturière. En 2026, la demande ne devrait que très légèrement progresser, de 0.3 %. Les conditions de marché restent incertaines, l'activité de construction restant en retrait et les analystes n'attendant pas d'amélioration significative avant le second semestre de l'année. Par ailleurs, le volume des projets d'infrastructures financés par l'UE, qui avaient contribué à la demande en 2025, devrait diminuer en 2026, ce qui limitera le soutien apporté à la demande d'acier en aval (Eurometal, 2026[12]).

En Allemagne, la demande d'acier a fortement reculé de 6.1 % en 2025, sous l'effet de la faiblesse de l'activité industrielle, du ralentissement de la construction et de la perte de compétitivité des produits allemands sur les marchés étrangers. En 2026, la pression élevée des importations, le faible dynamisme de la demande intérieure et les difficultés persistantes en matière de compétitivité devraient limiter toute amélioration significative (Kallanish, 2026[13]). Dans ce contexte, la demande ne devrait se redresser que modestement en 2026, de 1.1 %.

Afrique et Moyen-Orient

La demande d'acier en Afrique et au Moyen-Orient s'est fortement renforcée en 2025, avec des croissances respectives de 16.1 % et 6.4 %. Cette croissance devrait toutefois ralentir en 2026, à 4.4 % en Afrique et à 1.6 % au Moyen-Orient, à mesure que les cycles d'investissement arrivent à maturité et que certaines contraintes macroéconomiques réapparaissent. Dans l'ensemble, la demande reste sur une trajectoire positive, mais la dynamique devrait devenir de plus en plus inégale et dépendre davantage de projets spécifiques. Les tensions géopolitiques au Moyen-Orient devraient également peser sur la demande dans les prochains mois, sans que leur ampleur puisse être précisément déterminée à ce stade.

L'Égypte, première économie consommatrice d'acier en Afrique, a enregistré une contraction de 1.1 % en 2025, reflétant un net ralentissement de l'activité de construction et du secteur immobilier. Les principaux producteurs, dont Ezz Steel, ont fortement réduit les prix des barres d'armature en novembre 2025 après une baisse d'environ 20 % des ventes locales en glissement annuel, la consommation intérieure ayant fortement diminué (Manassa News, 2025[14]). La réduction des marchés publics et la stagnation des ventes de logements ont également pesé sur les ventes d'acier. La demande devrait rebondir de 3.5 % en 2026, suggérant une reprise cyclique partielle.

L'Afrique du Sud a enregistré une baisse de 1.5 % de la demande d'acier en 2025. Ce recul se reflète dans les performances des producteurs, ArcelorMittal South Africa ayant signalé une baisse de 12 % de sa production et de ses ventes d'acier brut, et ayant fermé ses activités de produits longs afin de limiter ses pertes face à une demande intérieure qui reste faible (Reuters, 2026[15]). Une reprise modérée de 2.3 % est attendue en 2026, mais les perspectives demeurent fragiles et dépendantes d'une amélioration de l'activité intérieure ainsi que des efforts de restructuration en cours, y compris d'éventuelles opérations soutenues par l'État visant à stabiliser le secteur.

L'Arabie saoudite a enregistré une forte croissance de 11.5 % en 2025, portée par de vastes projets de construction pilotés par l'État, des politiques de localisation industrielle et des investissements dans les infrastructures énergétiques dans le cadre de la Vision 2030, une initiative de plusieurs milliers de milliards de dollars destinée à diversifier l'économie. La croissance de la demande devrait ralentir à 4.1 % en 2026, tout en demeurant robuste par rapport aux autres pays de la région, soutenue par un portefeuille de projets en cours de réalisation dans les domaines des transports, du développement urbain et des zones industrielles (Mark & Spark Solutions, 2026[16]).

En République islamique d'Iran (ci-après l'« Iran »), la production d'acier brut a augmenté de 3.7 % en 2025, soutenue par la demande intérieure émanant des secteurs manufacturier et de la construction, l'industrie sidérurgique ayant enregistré une forte progression de sa production en fin d'année (Tehran Times, 2026[17]). Toutefois, les évolutions récentes pourraient entraîner un effondrement du marché, en fonction de l'ampleur des dommages liés aux conflits militaires dans la région.

Les prix de l'acier ont évolué de manière divergente à travers le monde

Les turbulences que traverse le commerce de l'acier ont contribué à une divergence des prix entre les différents marchés. Les prix ont nettement augmenté aux États-Unis et dans l'Union européenne au début de l'année 2025, puis se sont maintenus à des niveaux élevés, quoique différenciés, pendant le reste de l'année, contrairement aux évolutions observées dans d'autres régions.

Les prix de deux produits représentatifs, les bandes laminées à chaud et les barres d'armature, ont fortement augmenté aux États-Unis et dans l'Union européenne au début de l'année 2025 (Graphique 2.1 et Graphique 2.2). À l'inverse, les prix en Chine et dans les autres économies concernées sont restés stables, à des niveaux faibles. En janvier 2026, les prix de ces deux produits étaient plus de deux fois plus élevés aux États-Unis qu'en Chine, et supérieurs de 50 % dans l'Union européenne par rapport à la Chine.

Le ralentissement de l'activité de construction en Chine a pesé sur les prix intérieurs de l'acier chinois, en particulier sur ceux des barres d'armature, qui ont fortement chuté. Cette évolution a comprimé les marges des producteurs sidérurgiques chinois et les a conduits à se détourner des produits longs liés à la construction, tels que les barres d'armature, au profit des produits plats (Lv et Jackson, 2026[18]). Ce basculement de la production vers les produits plats destinés à l'exportation a accru la pression sur l'offre sur les marchés des pays tiers, où les prix se sont affaiblis, rendant peu probable toute hausse durable des prix de l'acier à court et moyen terme.

Graphique 2.1. Les prix des bandes laminées à chaud sont nettement plus élevés aux États-Unis et en Europe

Prix des bandes laminées à chaud, en USD par tonne métrique, 2020-2026

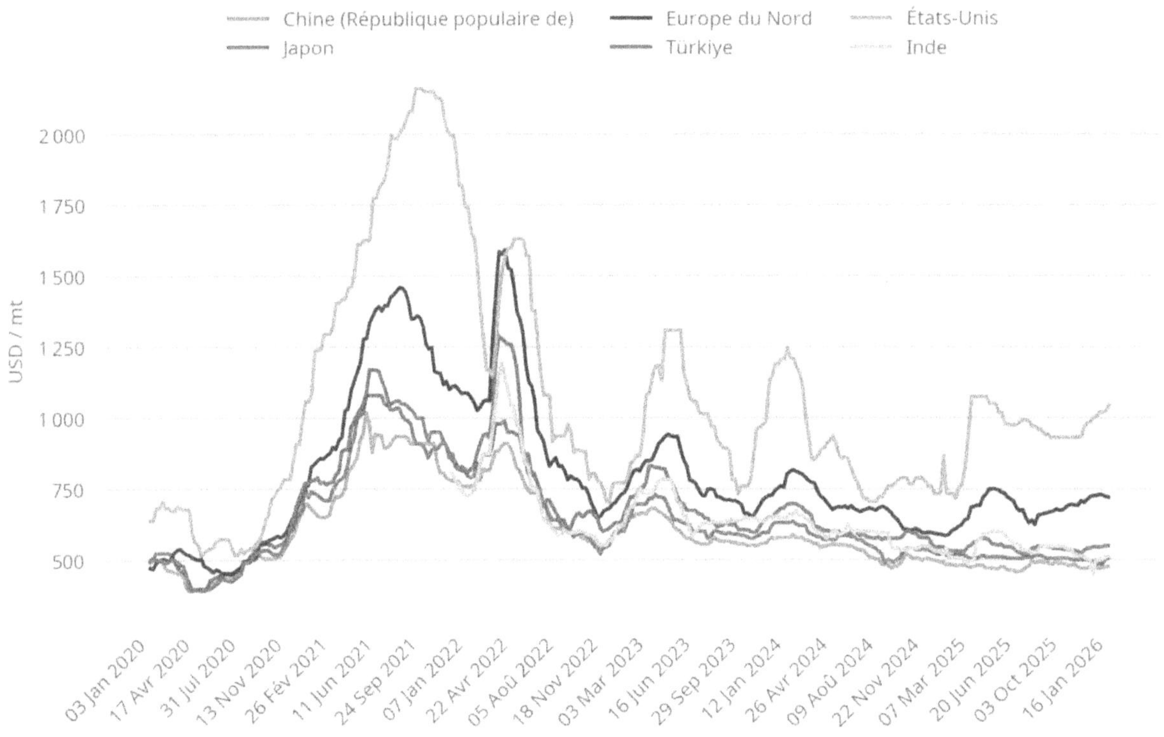

Note : Dernier prix observé : 16 janvier 2026.
Source : Kallanish (2026[19]).

Graphique 2.2. Les prix des barres d'armature augmentent aux États-Unis, tandis qu'ils restent stables (bien qu'à des niveaux élevés) dans l'Union européenne

Prix des barres d'armature, en USD par tonne métrique, 2020-2026

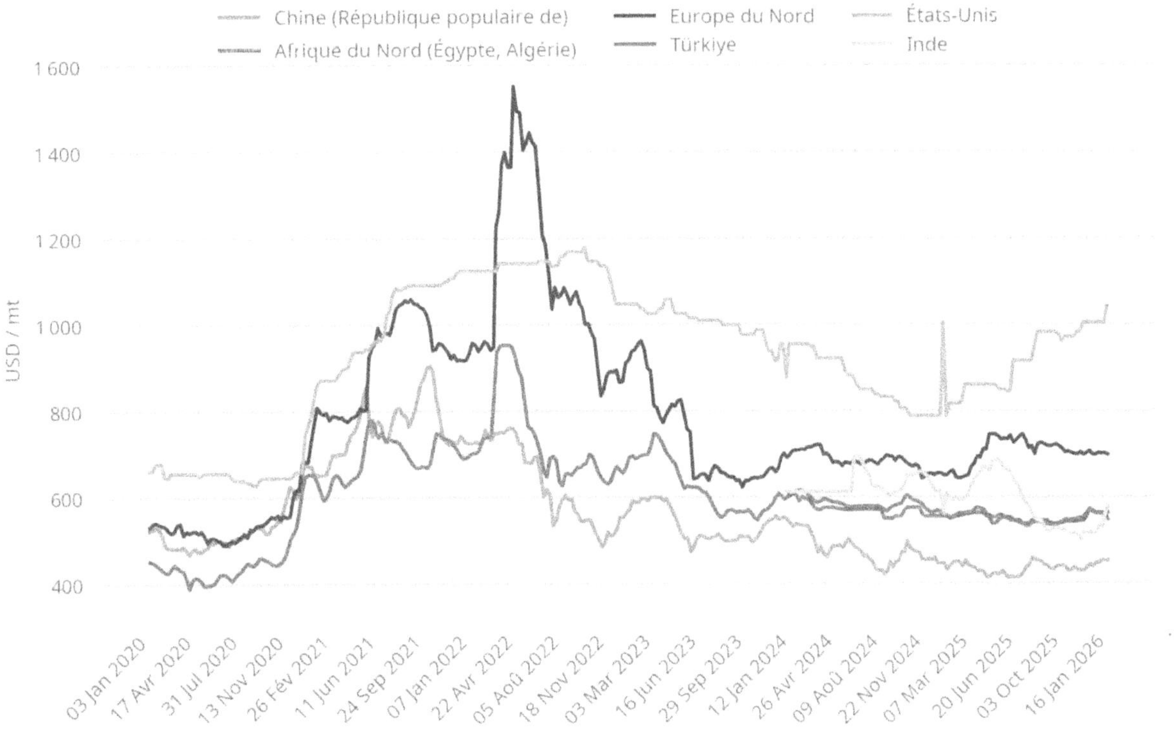

Note : Dernier prix observé : 16 janvier 2026.
Source : Kallanish (2026[19]).

L'examen des prix à terme de l'acier, qui constituent souvent un indicateur avancé des évolutions à court terme des prix au comptant, suggère que les acteurs du marché s'attendent à ce que les écarts de prix actuels entre marchés perdurent plutôt qu'ils ne se résorbent à court terme. La récente hausse modérée des prix en Chine semble par ailleurs se répercuter sur les marchés des économies avancées, de sorte que les écarts relatifs de prix demeurent globalement inchangés.

Les prix des matières premières ont récemment augmenté davantage que ceux de l'acier

Les prix des matières premières sidérurgiques sont restés relativement stables au cours du premier semestre 2025, avant d'amorcer une hausse progressive qui s'est poursuivie jusqu'au début de l'année 2026. Sur l'ensemble de l'année 2025, les prix du minerai de fer ont augmenté de 9 %, ceux du charbon à coke de 17 % et ceux de la ferraille de 2 % (Graphique 2.3). Le prix d'un panier représentatif de matières premières utilisées dans la sidérurgie a ainsi progressé de 10 % en 2025. L'écart entre les prix de l'acier et ceux des matières premières diminue progressivement depuis le printemps 2025, accentuant les pressions sur la rentabilité du secteur sidérurgique (voir ci-après).

Graphique 2.3. Les prix du minerai de fer, du charbon métallurgique et de la ferraille sont en hausse

Prix du minerai de fer, du charbon métallurgique et de la ferraille, en USD par tonne métrique, 2024-2026

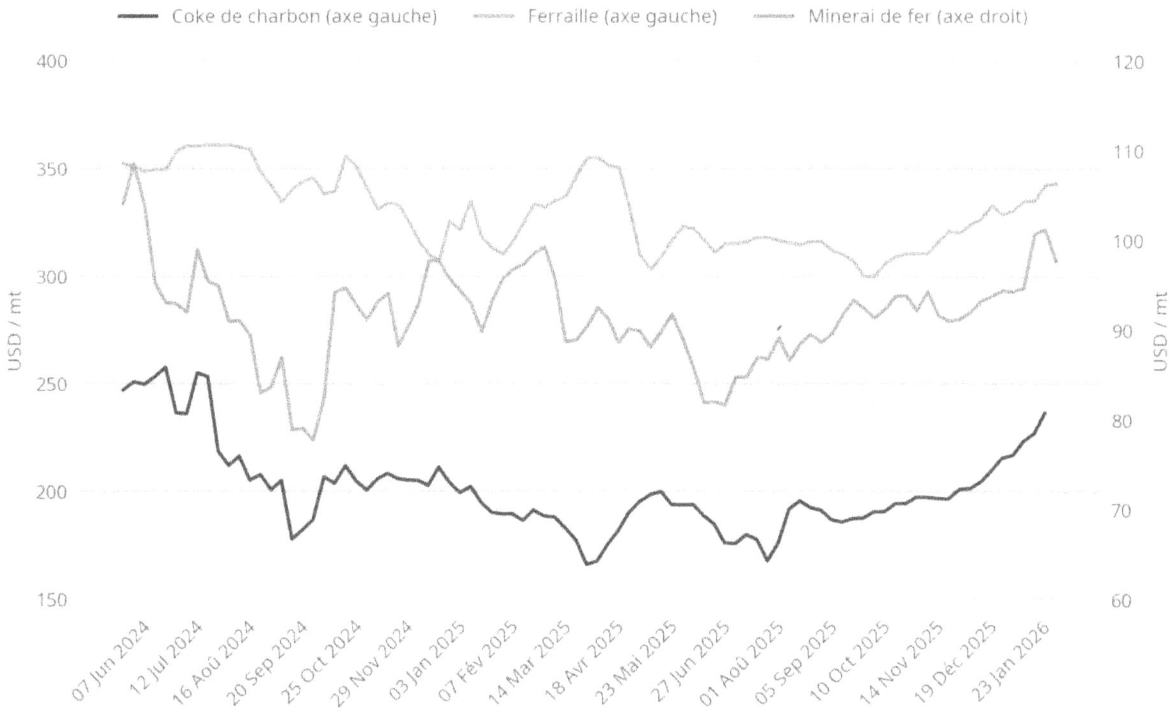

Note : Dernier prix observé : 23 janvier 2026.
Source : Kallanish (2026[19]).

Production mondiale d'acier

La production et la consommation mondiales d'acier ont tendance à évoluer en parallèle. Toutefois, des changements structurels sont observés, reflétant les évolutions des conditions de compétitivité et des capacités nationales et régionales (Tableau 2.2). Comme pour la consommation, l'Asie domine la production, avec 73 % du total mondial, une part supérieure à celle de la région dans la consommation mondiale (68 %). La Chine conserve sa position de premier producteur mondial, bien que sa part soit appelée à diminuer, tant en volume absolu qu'en termes relatifs par rapport aux autres producteurs au cours des prochaines années. Des baisses de production sont également attendues en Corée et au Japon d'ici 2030. À l'inverse, l'Inde devrait accroître significativement sa production, avec une hausse de 40 millions de tonnes (Mt) à l'horizon de cette même période. Les pays de l'ASEAN devraient également augmenter leur production de 30 Mt, tandis que les producteurs nord-américains et européens verront leur production progresser, mais dans une moindre mesure.

Tableau 2.2. Production mondiale d'acier par région, 2025 et projections pour 2026 et 2030

Région	2025		2026		2030	
	Mt	Variation, %	Mt	Variation, %	Mt	TCAC 2025-2030, %
Chine (République populaire de)	961.3	-4.3	958.2	-0.3	930.9	-0.6
Union européenne (27) et Royaume-Uni	130.6	-2.4	132.4	1.3	136.3	0.9
Inde	164.4	10.0	174.9	6.4	208.3	4.8
Accord Canada-États-Unis-Mexique (ACEUM)	107.5	1.3	108.3	0.6	111.7	0.8
Japon et Corée	141.9	-3.8	143.3	0.9	132.8	-1.3
Association des nations de l'Asie du Sud-Est (ASEAN)	60.2	5.4	61.5	2.1	90.6	8.5
Communauté des États indépendants (CEI)	82.2	-4.9	85.0	3.4	97.0	3.4
Moyen-Orient	57.0	5.1	57.4	0.8	73.1	5.1
Amérique centrale et Amérique du Sud	42.4	-0.2	43.2	1.9	47.0	2.1
Autres Europe	42.4	2.1	43.6	2.8	49.9	3.3
Autres Asie	25.9	-8.7	26.6	2.6	26.5	0.4
Afrique	26.9	-4.4	28.6	6.3	29.7	2.0
Océanie	5.8	11.1	5.9	1.7	6.3	1.8
Monde	**1 850.8**	**-1.9**	**1 869.4**	**1.0**	**1 940.6**	**1.0**
Monde hors Chine	889.4	0.7	911.1	2.4	1 009.6	2.6
OCDE	426.1	-1.3	431.3	1.2	434.8	0.4
Hors OCDE	1 424.6	-2.1	1 438.0	0.9	1 505.7	1.1
Économies développées	375.5	-2.1	379.4	1.0	372.1	-0.2
Économies émergentes	1 475.2	-1.9	1 489.9	0.9	1 568.4	1.2
Économies émergentes hors Chine	513.9	2.8	531.6	3.4	637.4	4.4

Note : Le TCAC (taux de croissance annuel composé) correspond au taux de croissance annuel moyen attendu. Mt : millions de tonnes.
Source : Secrétariat du Comité de l'acier de l'OCDE.

Amériques

Aux États-Unis, la production d'acier brut a augmenté d'environ 3.1 % en 2025 et devrait encore progresser de 0.7 % en 2026. Cette hausse s'explique principalement par un durcissement des politiques d'importation, qui a réduit la pénétration des importations et permis aux aciéries nationales de fonctionner à des taux d'utilisation plus élevés, ainsi que par une demande soutenue liée à la construction de centres de données, aux installations énergétiques et aux investissements dans les infrastructures. En 2025, les principaux producteurs ont fait état de taux d'utilisation d'environ 85 % pour les aciéries produisant des produits plats (Kallanish, 2026[20]). Selon l'American Iron and Steel Institute (AISI), le taux d'utilisation des capacités a atteint 80 % le 18 avril 2026 (AISI, 2026[21]).

Au Canada, la production d'acier brut devrait croître d'environ 1.0 % en 2026. Cette amélioration modeste est soutenue par de nouvelles mesures à l'importation et une mise en œuvre renforcée des règles commerciales, instaurées dans le cadre d'un plan de soutien adopté fin 2025 visant à répondre à la pression des importations et aux excédents de capacité mondiaux (ACPA, 2025[22]). Parallèlement, les récents accords énergétiques entre le gouvernement fédéral et les provinces, visant à développer de nouvelles infrastructures de transport par pipelines, ont explicitement mis l'accent sur le développement des chaînes d'approvisionnement canadiennes en acier et en tuyaux. Les principaux producteurs nationaux de tuyaux ont enregistré une production record en 2025, soutenue par l'activité du secteur pétrolier et gazier. Cette dynamique devrait se poursuivre en cas de projets énergétiques de grande envergure (Canadian Energy Centre, 2026[23]). Bien que la hausse globale reste limitée, ces mesures contribuent à stabiliser le taux d'utilisation des capacités des aciéries tout en protégeant le secteur des excédents de capacité mondiaux et des distorsions commerciales.

Dans l'ensemble, les perspectives de production du Canada restent stables, la croissance reposant principalement sur un appui stratégique et une demande intérieure soutenue.

Au Mexique, la production d'acier brut a reculé d'environ 6 % en 2025, principalement en raison de la faiblesse de la demande intérieure et de l'impact du relèvement des droits de douane américains sur l'acier, qui a réduit l'accès du pays à son principal marché d'exportation (Argus Media, 2026[24]). En décembre 2025, le Congrès mexicain a approuvé des amendements à la loi sur les taxes générales à l'importation et à l'exportation, augmentant les droits de douane sur les importations d'acier en provenance de pays ne disposant pas d'accords commerciaux avec le Mexique, dans le cadre de sa stratégie plus large « Plan México ». Ces mesures visent à contrer les pratiques commerciales déloyales et à favoriser la substitution des importations en renforçant la production nationale (Canacero, 2025[25]). Malgré ces ajustements de politique commerciale, la production ne devrait se redresser que légèrement en 2026, de 0.6 %, avant de se renforcer plus nettement à l'horizon 2030.

Au Brésil, la production d'acier brut a reculé d'environ 1.6 % en 2025, tandis que les exportations ont fortement augmenté, les expéditions vers l'Europe ayant doublé à la suite du relèvement des droits de douane américains. Dans le même temps, les prix intérieurs ont été affectés par la hausse des importations à bas coût en provenance d'Asie, incitant les producteurs à réorienter leur production vers les marchés d'exportation (Argus Media, 2026[26]).

Europe

La production d'acier dans l'Union européenne (27) et au Royaume-Uni a reculé de 2.4 % en 2025, reflétant la faiblesse de l'activité industrielle et la persistance des pressions exercées par les importations. Un rebond modéré de 1.4 % est attendu en 2026, soutenu par une amélioration progressive de la demande manufacturière. En avril 2026, la présidence du Conseil et le Parlement européen sont parvenus à un accord provisoire sur un nouveau règlement visant à protéger le marché européen de l'acier contre les effets négatifs des surcapacités mondiales. Le dispositif prévoit notamment l'introduction d'un système révisé de contingents tarifaires, réduisant d'environ 47 % les volumes globaux de quotas d'importation par rapport à 2024, une hausse des droits hors contingent de 25 % à 50 %, ainsi qu'une nouvelle règle « fusion et coulé ». Ce règlement remplacera les mesures de sauvegarde en vigueur à compter du 1er juillet 2026 (Conseil de l'Union européenne, 2026[27]). Toutefois, les coûts élevés de l'énergie et les besoins d'investissement croissants liés à la décarbonation continuent de limiter le potentiel de reprise, ce qui devrait se traduire par une production globalement stable à court terme.

En Allemagne, la production d'acier a fortement reculé en 2025, enregistrant une baisse de 8.8 % en raison de la faiblesse de la demande intérieure, des coûts élevés de l'énergie et des pressions exercées par les importations (SteelOrbis, 2026[28]). Le secteur est en cours de restructuration, Thyssenkrupp ayant notamment annoncé des suppressions d'emplois et des réductions de la production (Reuters, 2025[29]). En 2026, la production d'acier devrait légèrement augmenter et rester globalement stable jusqu'en 2030.

L'Italie se distingue parmi les grands producteurs européens, ayant enregistré une croissance positive de la production d'acier de 2.4 % en 2025. Cette hausse s'explique par un fort rebond en fin d'année 2025, la production d'acier brut ayant fortement augmenté en décembre, parallèlement à une hausse de la production de produits plats et de produits longs, ce qui suggère une reprise généralisée en fin d'année après plusieurs années de contraction (Kallanish, 2026[30]). La production devrait progresser modestement en 2026, de 1.2 %, puis augmenter progressivement jusqu'en 2030.

En République de Türkiye (ci-après « Türkiye »), la production d'acier brut a augmenté de 2.3 % en 2025 et devrait encore progresser d'environ 2.9 % en 2026, avant de se renforcer à l'horizon 2030. Cette croissance a été portée par une activité intérieure plus vigoureuse et par un rebond des exportations, les expéditions à l'étranger ayant augmenté de plus de 12 % en 2025. Les producteurs d'acier turcs anticipent également une nouvelle hausse de la production et de la consommation en 2026, dans un contexte d'amélioration des conditions de marché (GMK Center, 2026[31]).

Afrique et Moyen-Orient

En Égypte, la production d'acier brut a reculé de 1.1 % en 2025, en raison de tensions conjoncturelles sur la demande et d'un affaiblissement des exportations. La production devrait progresser de 3.2 % en 2026 et continuer de croître jusqu'en 2030, confortant la position de l'Égypte comme principal moteur de croissance de la région. Dans cette perspective, le principal producteur du pays, Ezz Steel, a annoncé un plan d'investissement d'environ 1.16 milliard USD sur les deux prochaines années afin d'accroître ses capacités de production, avec une réorientation stratégique vers le marché intérieur dans un contexte de multiplication des mesures commerciales sur l'acier à l'échelle internationale. L'entreprise met en avant la construction et les infrastructures comme principaux moteurs de la demande future, tandis que les récentes mesures de soutien public visant à développer la production locale de produits laminés renforcent les perspectives de croissance à moyen terme (GMK Center, 2026[32]). Par ailleurs, le groupe chinois XinFeng Steel prévoit d'investir environ 10 milliards USD dans la création d'un vaste complexe sidérurgique intégré dans la zone économique du canal de Suez, avec pour objectif une capacité annuelle d'environ 10 Mt de produits sidérurgiques automobiles et industriels à forte valeur ajoutée (SteelOrbis, 2026[33]). Ce projet s'inscrit dans la stratégie égyptienne de localisation industrielle et de montée en gamme des chaînes de valeur.

En Afrique du Sud, la production d'acier brut a reculé de 4.7 % en 2025 et demeure bien en deçà de ses niveaux historiques : environ un quart en dessous des niveaux d'avant la pandémie et proche de la moitié du pic atteint par le secteur au milieu des années 2000. La faiblesse observée en 2025 témoigne des difficultés structurelles auxquelles l'industrie est confrontée, notamment les coûts élevés de l'électricité, les goulets d'étranglement logistiques, la hausse des coûts des intrants, la faiblesse de la demande intérieure et les pressions persistantes exercées par les importations à bas prix. Ces facteurs ont limité le taux d'utilisation des capacités et réduit la marge de manœuvre des producteurs pour répondre à la reprise de la demande. Bien que la production se soit stabilisée depuis 2022, l'absence de reprise significative en 2025 souligne la fragilité persistante du secteur (SAISI, 2026[34]). Dans ce contexte, la production devrait rebondir de 2.2 % en 2026, avant de se renforcer plus nettement à l'horizon 2030, ce qui laisse entrevoir une reprise progressive dépendant d'une amélioration des conditions d'exploitation et d'un soutien public ciblé.

La production d'acier au Moyen-Orient a augmenté de 5.1 % en 2025 et devrait progresser légèrement en 2026, de 0.8 %, soutenue par d'importants projets d'infrastructures et des stratégies industrielles menées par les États. Toutefois, les conflits militaires dans la région auront un impact profond sur les producteurs d'acier locaux.

En Arabie saoudite, la production d'acier brut a augmenté de 11 % en 2025 et devait encore progresser de 3.8 % en 2026 avant de s'accélérer plus nettement d'ici 2030. Les données sectorielles indiquent que cette forte dynamique est principalement portée par d'importants projets nationaux d'infrastructures et industriels liés aux efforts de diversification de l'économie, lesquels ont soutenu la demande d'acier et les taux d'utilisation des capacités (Fastmarkets, 2026[35]).

En Iran, la production d'acier brut a augmenté de 3.7 % en 2025, soutenue par la demande intérieure du secteur de la construction et de l'industrie manufacturière, avec des niveaux de production particulièrement élevés en fin d'année (Tehran Times, 2026[17]). Toutefois, cette dynamique devrait s'interrompre à court terme, le conflit dans la région ayant endommagé d'importantes infrastructures sidérurgiques et énergétiques, perturbé l'approvisionnement en électricité et en gaz et limité les capacités d'exportation, ce qui devrait entraîner une baisse de la production d'acier en 2026.

Situation financière du secteur

En 2024, la rentabilité du secteur de la sidérurgie de base est restée faible, sous l'effet des pressions exercées par les excédents de capacité sur les prix. Les aciéristes situés dans les économies partenaires ont néanmoins légèrement amélioré leurs performances, tandis que la situation s'est encore détériorée dans les pays Membres de l'OCDE (Graphique 2.4). Parallèlement, les producteurs mondiaux d'acier ont accru leur niveau d'endettement, inversant la tendance de désendettement observée au cours de la dernière décennie. Le ratio dette/actifs de l'entreprise médiane représentative dans les économies partenaires est supérieur de plus de 50 % à celui observé dans les pays Membres de l'OCDE, ce qui constitue un écart significatif. Dans ces mêmes économies, le secteur a bénéficié d'une poursuite de l'expansion des mesures de soutien, les entreprises recevant des volumes croissants de subventions directes et un accès accru à des financements à des taux inférieurs aux conditions du marché. Ces dispositifs sont analysés plus en détail au chapitre 4 du présent rapport.

Commerce mondial de l'acier

Le commerce mondial de l'acier s'est replié en 2025, mais la Chine fait exception à la tendance baissière en portant ses exportations à un niveau record

Alors que les exportations mondiales d'acier ont reculé de 6.2 % en 2025, celles de la Chine ont bondi de 13.8 %, atteignant un niveau record de 131.2 Mt. Les exportations chinoises ont plus que doublé entre 2019 et 2025 et la part du pays dans les exportations mondiales a grimpé en flèche, passant de 19 % en 2019 à 41 % en 2025. Les pays exportateurs de l'ASEAN ont également vu leurs exportations plus que doubler sur la période 2019-2025, atteignant 20.8 Mt en 2025.

Le commerce mondial de l'acier a connu des fluctuations ces dernières années, les exportations annuelles (hors échanges intra-UE et intra-ASEAN) se situant entre 308 et 353 Mt depuis 2019 (Tableau 2.3). Toutefois, d'importants changements sont intervenus dans les flux commerciaux, les économies de l'OCDE productrices d'acier voyant leur position se détériorer à l'échelle mondiale. Les exportations européennes ont chuté de 53 % par rapport à leur niveau de 2019 pour atteindre 50 Mt en 2025, dont une baisse de 19 % entre 2024 et 2025 seulement. Dans le même temps, les exportations de l'Amérique du Nord et de l'Amérique du Sud ont diminué, s'établissant respectivement à 14 Mt et 12 Mt, soit des baisses de 20 % et 18 % par rapport aux niveaux de 2019.

Graphique 2.4. Rentabilité des aciéristes dans les pays Membres de l'OCDE et les économies partenaires, 2006-2024

EBITDA rapporté au chiffre d'affaires, en %

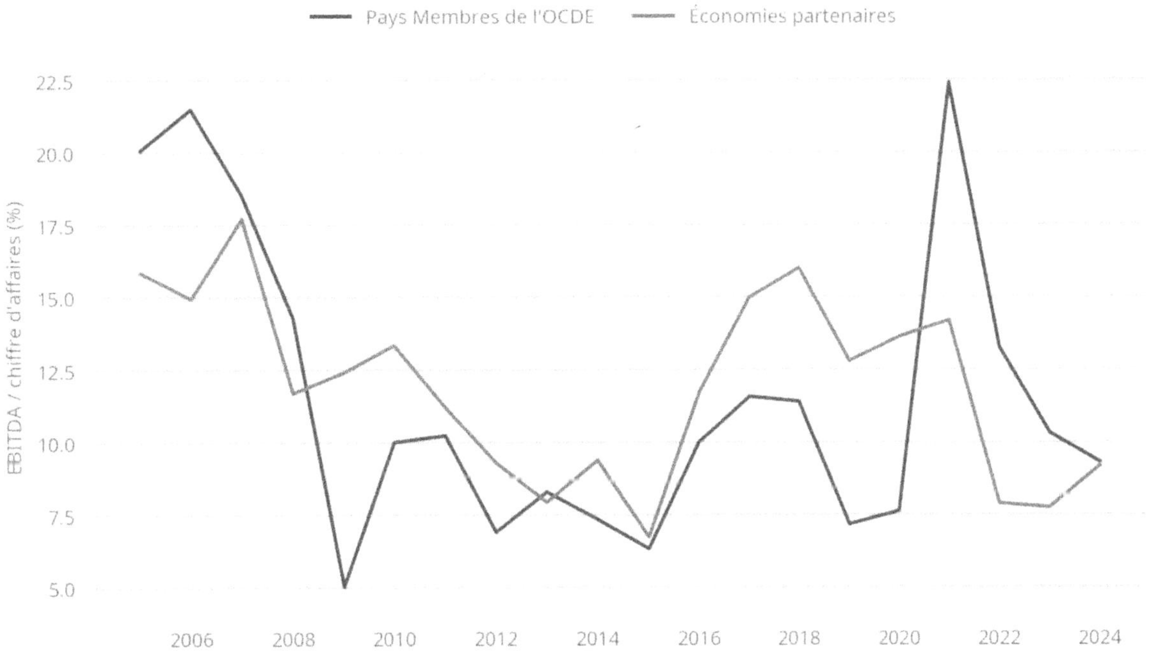

Note : La rentabilité est définie comme le rapport de l'EBITDA (bénéfice avant intérêts, impôts, dépréciation et amortissement) au chiffre d'affaires, en pourcentage. Les courbes représentent les valeurs médianes des entreprises de l'échantillon.
Source : Base de données MAGIC de l'OCDE.

Tableau 2.3. Exportations mondiales d'acier par région, 2019-2025

En millions de tonnes

Région	2019	2020	2021	2022	2023	2024	2025	Variation, 2019-2025 (%)	Variation, 2024-2025 (%)	Part dans le commerce mondial en 2025 (%)
Asie	183.9	178.5	207	191.4	219.6	240.8	238.5	29.7	-1.0	74.3
Chine (République populaire de)	62.7	52	64.9	67.2	92.6	115.3	131.2	109.3	13.8	40.8
Inde	13.4	17.3	20.4	12.1	9.9	9.7	9.9	-26.1	2.1	3.1
Japon et Corée	63.1	59.6	60.5	57.2	59.2	59.2	57.8	-8.4	-2.4	18
Moyen-Orient	22.5	19.9	25.4	25.7	27	22.1	8.6	-61.8	-61.1	2.7
ASEAN	9.5	17.3	23.2	17.6	19.7	23.9	20.8	118.9	-13.0	6.5
Autres Asie	12.7	12.4	12.5	11.7	11.3	10.6	10.2	-19.7	-3.8	3.2
Europe	107.4	97.1	104.4	76.5	66.5	62	50	-53.4	-19.4	15.6
UE27 + Royaume-Uni	37.1	29.6	29	25.9	25.6	25.1	22.8	-38.5	-9.2	7.1
Türkiye	19.7	18.7	22.1	17.6	12.7	17	17.5	-11.2	2.9	5.4
Russie	29.5	28.7	32.6	24.2	21.6	12.2	4.5	-84.7	-63.1	1.4
Ukraine	15.6	15.2	15.7	4.8	3.3	4.7	3.3	-78.8	-29.8	1
Autres Europe	5.6	4.9	5.1	4	3.3	3.1	1.9	-66.1	-38.7	0.6
Amérique du Nord	18.1	17	21.6	21.5	18.7	18.9	14.4	-20.4	-23.8	4.5

Région	2019	2020	2021	2022	2023	2024	2025	Variation, 2019-2025 (%)	Variation, 2024-2025 (%)	Part dans le commerce mondial en 2025 (%)
Amérique du Sud et Caraïbes	14.2	11.8	13.8	13.4	13.6	11.9	11.6	-18.3	-2.5	3.6
Afrique	4.5	4.1	5.6	4.1	8.2	7.7	5.1	13.3	-33.8	1.6
Océanie	1.3	1.1	0.8	1.3	1.2	1.1	1.6	23.1	45.5	0.5
Monde	**329.5**	**309.6**	**353.3**	**308.3**	**327.9**	**342.5**	**321.2**	**-2.5**	**-6.2**	**100**
Monde (hors Chine)	266.8	257.6	288.4	241.1	235.3	227.2	190	-28.8	-16.4	59.2
OCDE	137	123.7	131.1	121.2	115.7	119.8	112.7	-17.7	-5.9	35.1

Note : Les exportations excluent les échanges intra-UE27 et intra-ASEAN (Association des nations de l'Asie du Sud-Est).
Source : OCDE, d'après les données de l'Iron and Steel Statistics Bureau (ISSB), la base de données statistiques des Nations Unies sur le commerce des marchandises (COMTRADE) et les données de la World Steel Association.

L'augmentation des exportations chinoises s'explique en partie par la faiblesse de la demande intérieure d'acier, les exportations servant alors de débouché à une production nationale excédant les besoins domestiques. L'intensification des subventions constitue également un facteur déterminant, dans la mesure où celles-ci peuvent réduire les coûts et ainsi favoriser les ventes à l'étranger. Les bas prix ont également pu contribuer à l'accroissement des volumes exportés. Dans un contexte de forte baisse des valeurs unitaires à l'exportation, la croissance de la valeur des exportations chinoises est restée très en deçà de celle des volumes (Graphique 2.5). Une dynamique comparable est observée dans l'ASEAN, où la progression de la valeur des exportations est également inférieure à celle des volumes. La Chine, l'ASEAN et, dans une moindre mesure, le Moyen-Orient et l'Afrique du Nord (MENA) ont ainsi gagné des parts de marché sur les principaux marchés importateurs (Graphique 2.6).

À l'exception de la Chine, la part de la production d'acier destinée à l'exportation a généralement reculé. En Europe, par exemple, 26 % de la production ont été exportés en 2025, contre 47 % en 2019. En Amérique du Sud, les exportations représentent désormais environ un tiers de la production, contre 41 % auparavant. Dans les pays asiatiques, hors Chine, la part des exportations de l'acier a également connu un déclin régulier, passant d'un pic de 42 % au début de la décennie à 30 % en 2025.

Les importations d'acier ont également connu des évolutions significatives en 2025. En Amérique du Nord, elles ont reculé de 15.8 %, dans un contexte de renforcement des mesures commerciales dans la région. De fortes baisses à deux chiffres ont également été enregistrées en Asie, les importations chinoises passant de 40.2 Mt en 2020 à seulement 7 Mt en 2025. Des diminutions annuelles marquées ont aussi été observées au Moyen-Orient (–52.4 %), ainsi qu'en Inde, au Japon et en Corée. À l'inverse, les niveaux d'importation ont augmenté en Europe, notamment dans la zone UE27–Royaume-Uni, où des mesures de sauvegarde étaient également en vigueur. Les produits semi-finis, qui n'étaient pas couverts par ces mesures, ont représenté près de la moitié de cette hausse.

Graphique 2.5. Les exportations chinoises d'acier ont fortement augmenté en volume, mais dans une moindre mesure en valeur

Évolution de la valeur et du volume des exportations d'acier par région, 2019-2025, 2019 = 100

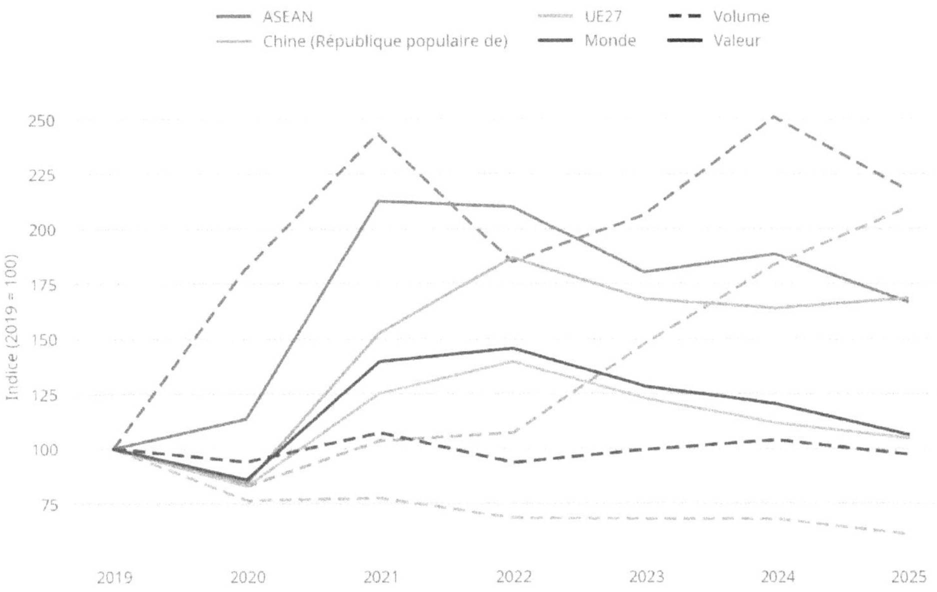

Note : Les échanges intra-UE27 et intra-ASEAN (Association des nations de l'Asie du Sud-Est) sont exclus.
Source : OCDE, d'après les données de l'Iron and Steel Statistics Bureau (ISSB) et la base de données statistiques des Nations Unies sur le commerce des marchandises (COMTRADE).

Graphique 2.6. Les importations d'acier en provenance de Chine et de l'ASEAN augmentent, tandis que celles issues des économies de l'OCDE productrices d'acier reculent

Évolution des importations par origine et par région de marché, 2019-2025, en millions de tonnes

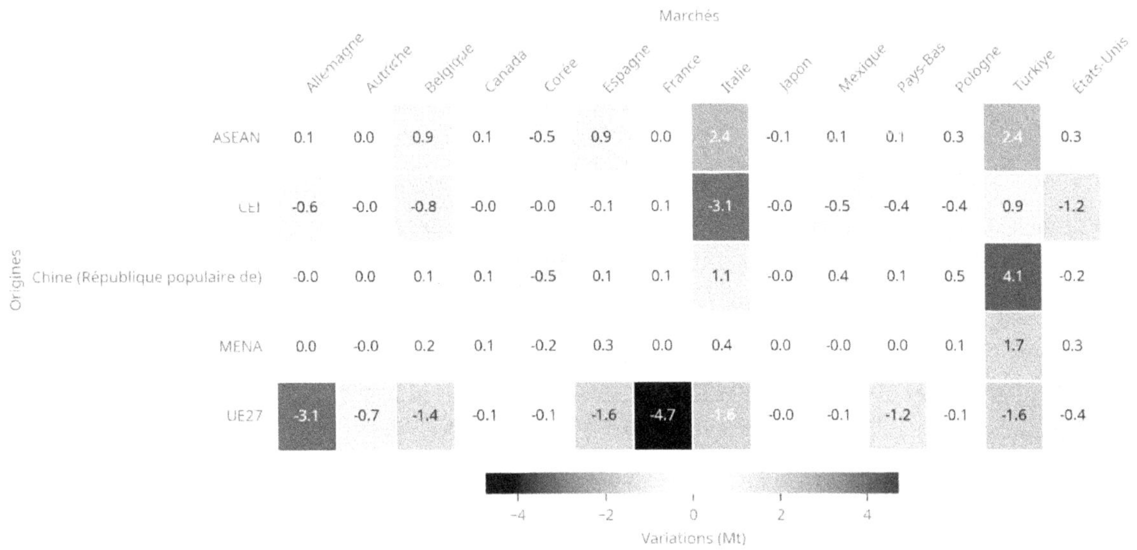

Note : Les pays sélectionnés incluent les membres du Comité de l'acier de l'OCDE figurant parmi les 30 principales économies productrices d'acier.
ASEAN : Association des nations de l'Asie du Sud-Est ; CEI : Communauté des États indépendants ; MENA : Moyen-Orient et Afrique du Nord.
Source : OCDE, d'après les données de l'Iron and Steel Statistics Bureau (ISSB) et de la base de données statistiques des Nations Unies sur le commerce des marchandises (COMTRADE).

Références

ACPA (2025), *L'ACPA salue le soutien renouvelé à l'industrie sidérurgique canadienne*, Association des producteurs d'acier du Canada, https://aciercanadien.ca/media/release/2025/11/cspa-applauds-refreshed-support-for-the-domestic-steel-industry (consulté le 16 février 2026). [22]

AISI (2026), *Weekly Raw Steel Production*, American Iron and Steel Institute, https://www.steel.org/industry-data/ (consulté le 5 mai 2026). [21]

ALACERO (2026), *The Latin American steel industry ended 2025 with production down for the fourth consecutive year and record-high import levels*, Latin American Steel Association, https://alacero.org/en/figures-december-2025/. [11]

Argus Media (2026), « Brazil's steel exports to Europe double in 2025 », *Latest Market News*, https://www.argusmedia.com/en/news-and-insights/latest-market-news/2777940-brazil-s-steel-exports-to-europe-double-in-2025 (consulté le 16 février 2026). [26]

Argus Media (2026), « Mexican steel output, demand down in 2025 », *Latest Market News*, https://www.argusmedia.com/en/news-and-insights/latest-market-news/2783750-mexican-steel-output-demand-down-in-2025 (consulté le 16 février 2026). [24]

Canacero (2025), *CANACERO celebra reforma arancelaria que fortalece la industria nacional frente a prácticas de comercio desleal*, Cámara Nacional de la Industria del Hierro y del Acero, https://canacero.org.mx/wp-content/uploads/public/Comunicado_CANACERO_11Diciembre_2025.pdf. [25]

Canadian Energy Centre (2026), *West Coast pipeline push sparks optimism for Canadian steelmakers*, https://www.canadianenergycentre.ca/west-coast-pipeline-push-sparks-optimism-for-canadian-steelmakers/ (consulté le 18 février 2026). [23]

Conseil de l'Union européenne (2026), *Le Conseil et le Parlement européen parviennent à un accord visant à protéger l'industrie sidérurgique de l'UE contre la surcapacité mondiale*, https://www.consilium.europa.eu/fr/press/press-releases/2026/04/13/council-and-european-parliament-strike-deal-to-protect-eu-s-steel-industry-from-global-overcapacity/ (consulté le 17 avril 2026). [27]

Eurometal (2026), *French longs prices edge higher despite weak demand*, https://eurometal.net/french-longs-prices-edge-higher-despite-weak-demand/ (consulté le 18 février 2026). [12]

Fastmarkets (2026), *Saudi Arabia-Turkey steel scrap correlation sinks in 2025, highlighting local pricing need*, https://www.fastmarkets.com/insights/saudi-arabia-turkey-steel-scrap-correlation-sinks-2025-local-pricing-need/ (consulté le 17 février 2026). [35]

GMK Center (2026), *Demand for steel in India will grow by 8% in FY2025/2026 – ICRA*, https://gmk.center/en/news/demand-for-steel-in-india-will-grow-by-8-in-fy2025-2026-icra/ (consulté le 17 février 2026). [4]

GMK Center (2026), *Ezz Steel to invest over $1 billion in production expansion over two years*, https://gmk.center/en/news/ezz-steel-to-invest-over-1-billion-in-production-expansion-over-two-years/ (consulté le 17 février 2026). [32]

GMK Center (2026), *Turkish steelmakers expect steel production in the country to grow by 7% in 2026*, https://gmk.center/en/news/turkish-steelmakers-expect-steel-production-in-the-country-to-grow-by-7-in-2026/ (consulté le 17 février 2026). [31]

GMK Center (2025), *South Korea launches large-scale support for steel industry*, https://gmk.center/en/news/south-korea-launches-large-scale-support-for-steel-industry/ (consulté le 16 février 2026). [7]

Gouvernement du Canada (2026), *Le premier ministre Carney dévoile la nouvelle stratégie automobile du Canada afin de protéger les emplois et de positionner notre pays comme chef de file mondial de la fabrication de véhicules de prochaine génération*, https://www.canada.ca/fr/innovation-sciences-developpement-economique/nouvelles/2026/02/le-premier-ministre-carney-devoile-la-nouvelle-strategie-automobile-du-canada-afin-de-proteger-les-emplois-et-de-positionner-notre-pays-comme-chef-.html (consulté le 18 février 2026). [9]

Kallanish (2026), *Germany sees another year of declining steel production*, https://www.kallanish.com/en/news/steel/market-reports/article-details/germany-bemoans-another-year-of-declining-steel-production-0126/ (consulté le 18 février 2026). [13]

Kallanish (2026), *Italian crude steel output bucks trend in 2025*, https://www.kallanish.com/en/news/steel/market-reports/article-details/2025-italian-crude-output-increases-0226/ (consulté le 17 février 2026). [30]

Kallanish (2026), *Long products*, https://www.kallanish.com/en/prices/list/all-prices/#long-products. [19]

Kallanish (2026), *US overtakes Japan in 2025 steel production*, https://www.kallanish.com/en/news/steel/market-reports/article-details/us-advances-over-japan-in-crude-steel-production/ (consulté le 16 février 2026). [20]

Kallanish (2025), *Vietnam's development plans to boost steel rail demand*, https://www.kallanish.com/en/news/steel/market-reports/article-details/vietnam-to-boost-steel-rail-demand-1225/ (consulté le 17 février 2026). [5]

Lv, A. et L. Jackson (2026), « China crude steel output hits seven-year low in 2025 despite record exports », *Reuters*, https://www.reuters.com/world/asia-pacific/china-crude-steel-output-hits-seven-year-low-2025-despite-record-exports-2026-01-19 (consulté le 27 janvier 2026). [18]

Maison Blanche (2026), *Restoring America's Maritime Dominance, Maison Blanche*, https://www.whitehouse.gov/maritimemight/ (consulté le 18 février 2026). [8]

Manassa News (2025), « Egypt's top steelmakers cut prices as domestic demand slumps », *Al Manassa*, https://manassa.news/en/news/28584 (consulté le 18 février 2026). [14]

Mark & Spark Solutions (2026), *Saudi Structural Steel Market to $6.1B by 2033*, https://marksparksolutions.com/reports/saudi-arabia-structural-steel-market (consulté le 18 février 2026). [16]

OCDE (2026), *OECD Economic Surveys: Mexico 2026*, Éditions OCDE, Paris, https://doi.org/10.1787/8a7c0ac4-en. [10]

Reuters (2026), *ArcelorMittal South Africa narrows loss after shutting long steel operations | Reuters*, https://www.reuters.com/world/africa/arcelormittal-south-africa-narrows-loss-after-shutting-long-steel-operations-2026-02-05/ (consulté le 18 février 2026). [15]

Reuters (2026), *China reportedly drops rules that sparked property crisis, developer shares surge | Reuters*, https://www.reuters.com/world/asia-pacific/china-dropping-red-lines-policy-that-sent-property-sector-into-crisis-report-2026-01-29/ (consulté le 17 février 2026). [2]

Reuters (2025), *Thyssenkrupp, workers agree on job cuts in steel division | Reuters*, https://www.reuters.com/business/world-at-work/thyssenkrupp-reduce-steel-production-cut-or-outsource-11000-jobs-2025-12-01/ (consulté le 17 février 2026). [29]

S&P Global (2026), *2026 Outlook--China Commodities Watch: Downstream | S&P Global Ratings*, https://www.spglobal.com/ratings/en/regulatory/article/2026-outlook-china-commodities-watch-downstream-pressure-persists-s101649276 (consulté le 16 février 2026). [3]

SAISI (2026), *2025 Confirms Structural Weakness in South Africa's Crude Steel Production*, South African Iron and Steel Institute, https://www.saisi.org/news/2025-confirms-structural-weakness-in-south-africas-crude-steel-production/ (consulté le 17 février 2026). [34]

SteelOrbis (2026), « Egypt discusses $10 billion steel complex investment with China's Xinfeng Steel », https://www.steelorbis.com/steel-news/latest-news/egypt-discusses-10-billion-steel-complex-investment-with-chinas-xinfeng-steel-1432567.htm (consulté le 5 mai 2026). [33]

SteelOrbis (2026), *WV Stahl: German steel output remains at crisis levels in 2025, capacity use below critical 70%*, https://www.steelorbis.com/steel-news/latest-news/wv-stahl-german-steel-output-remains-at-crisis-levels-in-2025-capacity-use-below-critical-70-1430850.htm (consulté le 17 février 2026). [28]

Tehran Times (2026), *Iran's steel output rises 16% in December 2025: WSA*, https://www.tehrantimes.com/news/523037/Iran-s-steel-output-rises-16-in-December-2025-WSA (consulté le 17 février 2026). [17]

Worldsteel (2026), *Worldsteel Short Range Outlook April 2026*, https://worldsteel.org/media/press-releases/2026/worldsteel-short-range-outlook-april-2026/ (consulté le 17 avril 2026). [1]

Yieh Corp (2026), *Krakatau Steel targets 2026 capacity expansion for Indonesia's strategic projects-Yieh Corp Steel News*, https://www.yieh.com/en/News/krakatau-steel-targets-2026-capacity-expansion-for-indonesias-strategic-projects/158689 (consulté le 17 février 2026). [6]

3 Les capacités mondiales de production d'acier atteignent de nouveaux sommets

À l'échelle mondiale, les surcapacités sidérurgiques ont atteint 640 millions de tonnes (Mt) en 2025 : elles excèdent désormais de plus de 200 Mt la production totale d'acier des pays de l'OCDE et devraient poursuivre leur progression régulière pour atteindre 745 Mt d'ici 2028. La capacité mondiale de production d'acier a progressé pour la quatrième année consécutive, atteignant un niveau record de 2 445 Mt en 2025, dont une partie tournée vers l'exportation. Cette évolution masque toutefois des trajectoires régionales très contrastées : les capacités se sont contractées dans la zone OCDE, tandis qu'elles se sont fortement accrues dans certaines économies non Membres de l'OCDE au cours de la période. L'Inde et l'Asie du Sud-Est ont été des moteurs importants de l'expansion des capacités en Asie, expansion alimentée par une croissance relativement dynamique de la demande et, dans le cas de l'Asie du Sud-Est, par des investissements directs internationaux entrants de groupes sidérurgiques chinois. Le Moyen-Orient a également contribué de manière significative aux nouvelles capacités. Les développements actuels font craindre un surinvestissement, susceptible d'aggraver la situation de surcapacité qui exacerbe déjà les tensions commerciales à l'échelle mondiale.

Les excédents de capacité structurels s'aggravent

L'industrie sidérurgique poursuit son expansion à l'échelle mondiale, avec un soutien important des pouvoirs publics dans de nombreuses juridictions. Les capacités mondiales de production d'acier se sont accrues pour la cinquième année consécutive, atteignant un niveau record de 2 445 millions de tonnes (Mt) en 2025, alors même que la demande mondiale d'acier s'est contractée pour la quatrième année consécutive. Dans ce contexte, les excédents mondiaux de capacité ont atteint 640 Mt en 2025, dépassant de plus de 200 Mt la production totale d'acier des pays de l'OCDE. La situation devrait continuer à se détériorer, avec une progression régulière attendue des surcapacités au cours des trois prochaines années, les portant à 745 Mt en 2028.

Dans l'ensemble, la plupart des accroissements de capacités observés ces dernières années sont intervenus en dehors de la zone OCDE, bien que certains pays Membres aient également enregistré des hausses, compensées par des baisses dans d'autres. De nombreuses économies émergentes estiment qu'elles doivent développer leur industrie sidérurgique nationale pour satisfaire leur demande intérieure et, dans de nombreux cas, devenir d'importants exportateurs d'acier à l'échelle mondiale. Souvent, la demande intérieure d'acier ne suffit pas à absorber les accroissements de capacités, et les excédents sont alors écoulés sur les marchés internationaux. Si les pays reconnaissent généralement l'importance de marchés ouverts et de la concurrence, il est également admis que des installations efficientes à travers le monde se trouvent confrontées à un afflux d'acier excédentaire sur leurs marchés, souvent vendu par des producteurs subventionnés à des prix très inférieurs à leurs coûts réels de production.

Le problème n'est pas nouveau. Dès les années 1970, des prévisions excessivement optimistes concernant la demande d'acier à long terme avaient stimulé les investissements dans de nouvelles installations partout dans le monde. Le premier choc pétrolier est ensuite survenu, alors même que de nouveaux hauts fourneaux entraient en service. Les pouvoirs publics de nombreux pays Membres de l'OCDE sont intervenus au moyen de dispositifs visant à répondre aux difficultés commerciales et aux problèmes d'ajustement, mais les relations commerciales dans le secteur de l'acier se sont fortement tendues. Depuis sa création en 1978, le Comité de l'acier de l'OCDE offre un cadre propice à l'apaisement des tensions en réunissant les décideurs publics afin d'améliorer la transparence et d'examiner les moyens les plus adaptés de traiter les difficultés commerciales et les problèmes d'ajustement. Au fil des années, les membres du Comité ont engagé des réformes structurelles destinées à rationaliser, privatiser et résorber les excédents structurels de capacité dans leurs industries sidérurgiques. Toutefois, les difficultés ont refait surface à l'échelle mondiale à mesure que les accroissements de capacités se sont accélérés dans de nombreuses économies en développement, exposant de nouveau les marchés à une situation de surproduction structurelle. La gravité de la situation a conduit à la création du Forum mondial sur les surcapacités sidérurgiques, chargé de renforcer la transparence et de rechercher des solutions à cette crise.

Évolution récente des capacités de production d'acier

Les capacités mondiales de production d'acier continuent de s'accroître, tandis que leur taux d'utilisation poursuit sa baisse

En 2025, la capacité mondiale de production d'acier était supérieure de 1.3 % à son niveau de 2021 (+31.1 Mt), reflétant une croissance des capacités dans les économies partenaires, partiellement compensée par une baisse dans la zone OCDE (Graphique 3.1). Face à l'affaiblissement de la demande mondiale, les taux d'utilisation des capacités ont poursuivi leur recul, atteignant un point bas récent de 76 % en 2025 (Graphique 3.2), bien en deçà des niveaux jugés soutenables pour l'industrie sidérurgique.

De nouvelles baisses sont attendues en 2026. Le taux mondial d'utilisation des capacités devrait rester faible jusqu'en 2028, autour de 74 %, en raison de la forte croissance attendue des capacités, conjuguée à des perspectives de production plus faibles.

Des évolutions structurelles significatives sont intervenues à l'échelle régionale, l'Asie devenant de plus en plus dominante dans la production mondiale d'acier

Les évolutions régionales intervenues au cours de ces cinq dernières années traduisent une transformation profonde et durable du paysage mondial de la production d'acier (Tableau 3.1). Entre 2021 et 2025, les capacités de production d'acier des pays Membres de l'OCDE ont reculé de 2.8 Mt (–0.4 %), principalement sous l'effet de fortes diminutions au Japon (–8.8 Mt, soit –7.2 %) et au Royaume-Uni (–4.8 Mt, soit –39.7 %). À l'inverse, les économies partenaires ont accru leurs capacités totales de 33.9 Mt (+1.9 %), alors même que la Chine a réduit la sienne de 11 Mt (-1.0 %) au cours de la même période. Cette croissance dans les autres économies partenaires a constitué le principal moteur de l'expansion de la capacité mondiale.

Graphique 3.1. Ces dernières années, les tendances de la capacité mondiale et de la demande d'acier ont suivi des trajectoires divergentes

Capacité de production d'acier brut et demande mondiale d'acier, 2000-2025, en millions de tonnes (Mt)

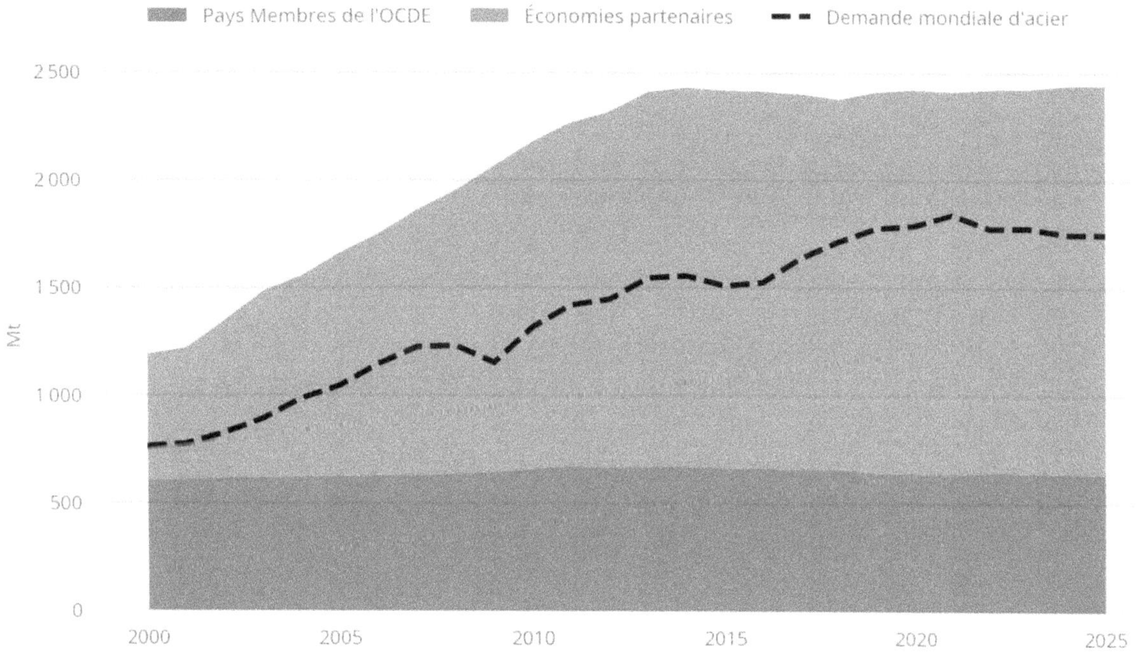

Note : Les données relatives à la capacité sont exprimées en termes nets (prenant en compte les mises en service et les fermetures de capacités de production) et reflètent les informations disponibles jusqu'en décembre 2025. La demande correspond à la consommation intérieure apparente de produits sidérurgiques finis, telle que fournie par la World Steel Association.
Source : OCDE pour les capacités de production d'acier et World Steel Association pour la demande d'acier.

Graphique 3.2. Les taux d'utilisation des capacités de l'industrie sidérurgique tombent à des niveaux insoutenables

Production d'acier brut en pourcentage de la capacité, 2019-2025 et estimations pour 2026-2028

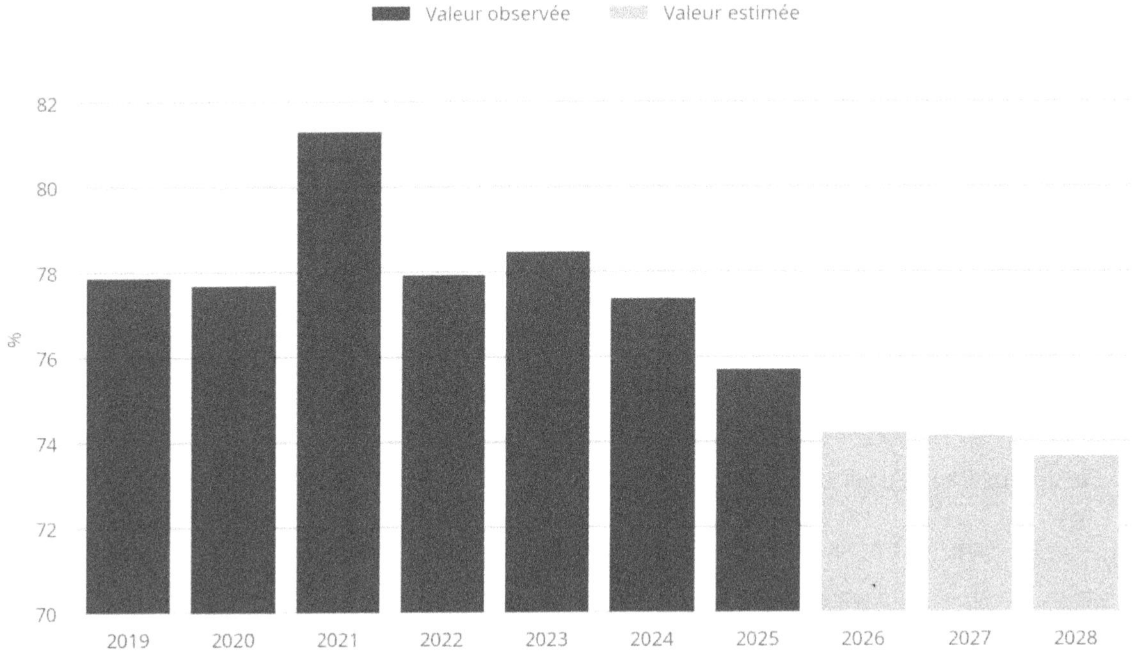

Note : Les données relatives aux capacités intègrent les informations disponibles jusqu'en décembre 2024.
Source : OCDE pour la capacité de production d'acier brut et Association mondiale de l'acier pour la production d'acier brut.

En Asie, l'Inde a été le principal moteur de l'accroissement des capacités sur la période 2021-2025, avec l'ajout de 41.4 Mt de capacités de production d'acier (+28.8 %), tandis que les capacités des économies de l'Association des nations de l'Asie du Sud-Est (ASEAN) ont augmenté de 5.5 Mt (+6.9 %). Le Moyen-Orient se place en deuxième position avec un accroissement de ses capacités de 7.2 Mt (+8.1 %) au cours de la même période (Tableau 3.1).

Tableau 3.1. Capacité mondiale de production d'acier, par région, 2021-2025

En millions de tonnes

Région	2021	2022	2023	2024	2025	2021 vs 2025 (volume)	2021 par rapport à 2025
Afrique	43.5	47.1	48.1	48.5	49.4	6	13.7%
Asie	1 632.7	1 646.2	1 643.0	1 660.6	1 658.6	25.9	1.6%
Chine (République populaire de)	1 146.5	1 149.9	1 141.5	1 141.5	1 135.5	-11	-1.0%
Inde	143.9	154	161.2	179.5	185.3	41.4	28.8%
Japon	122.4	122.4	117.8	117	113.6	-8.8	-7.2%
ASEAN	80.4	80.4	82.9	82.9	86	5.5	6.9%
Viet Nam	26	26	26	26	29	3	11.6%
CEI + Ukraine	130.6	114.3	114.3	114.3	114.5	-16.1	-12.3%
Europe	280.3	281.5	283.7	280.5	280.5	0.2	0.1%
Union européenne	205.6	205.6	205.7	205.7	204.7	-0.9	-0.4%
Autres Europe	74.7	75.9	78.1	74.9	75.8	1.1	1.5%
Amérique latine	73.9	73.9	74.2	74.2	74.4	0.5	0.6%
Moyen-Orient	89	92.3	93.9	94.9	96.2	7.2	8.1%
Iran	54.8	57.4	58.2	59.2	60	5.2	9.4%
Amérique du Nord	157.7	162.8	163.3	163.3	165.2	7.4	4.7%
Océanie	6.4	6.4	6.4	6.4	6.4	0	0.0%
Pays Membres de l'OCDE.	640	646.3	644.4	640.4	637.2	-2.8	-0.4%
Économies partenaires de l'OCDE	1 774	1 778.1	1 782.4	1 802.2	1 807.9	33.9	1.9%
Total mondial	**2 414**	**2 424.3**	**2 426.8**	**2 442.6**	**2 445.1**	**31.1**	**1.3%**

Note : Les données relatives aux capacités intègrent les informations disponibles jusqu'en décembre 2025. Le terme « Europe » désigne à la fois les Membres de l'OCDE et les économies partenaires en Europe, ainsi que la Türkiye. Veuillez consulter l'annexe C pour obtenir des données détaillées sur les capacités par économie. Les chiffres relatifs à l'Union européenne couvrent tous les États membres de l'UE. ASEAN : Association des nations de l'Asie du Sud-Est ; CEI : Communauté des États indépendants.
Source : Secrétariat du Comité de l'acier de l'OCDE.

Perspectives d'évolution des capacités de production d'acier jusqu'en 2028

Le Tableau 3.2 montre l'évolution prévue des capacités de production d'acier par région jusqu'en 2028. En ce qui concerne les augmentations futures de capacité, l'OCDE classe les projets d'investissement en deux catégories : « en cours » (et qui devraient donc être achevés au cours de la période de projection) ou « prévus » (plus incertains mais pouvant encore se concrétiser). Les projets en cours désignent ceux dont la construction a déjà débuté ou dont les contrats d'équipement ont été conclus, et qui bénéficient d'un engagement financier ou public majeur. Les projets prévus sont, quant à eux, plus incertains car ils en sont au stade de la faisabilité ou de la planification préliminaire, n'ont pas encore reçu de soutien financier ou public ou ne prévoient pas de date précise d'achèvement.

Les informations sur les projets d'investissement annoncés indiquent que 46.7 Mt de capacité brute sont en cours d'ajout à l'échelle mondiale et devraient donc entrer en service au cours de la prochaine période triennale (2026-2028). Une capacité supplémentaire de 92.1 Mt est actuellement en phase de planification en vue d'une éventuelle mise en production au cours de la même période. Si tous les projets en cours et prévus se concrétisent, l'accroissement total de capacité pourrait, comme indiqué plus haut, s'élever à 138.8 Mt d'ici 2028.

Tableau 3.2. Capacité nominale mondiale actuelle de production d'acier (2024-2025) et ajouts potentiels de capacité brute (2026-2028), par région

En millions de tonnes

	Capacité nominale	Capacité nominale	% de variation	Ajouts potentiels de capacité brute 2026-2028			Capacité en 2028		% de variation prévu (2025 par rapport à 2028)	
	2024	2025 (a)	2024-2025	En cours (B)	Prévus (C)	(B) + (C)	Faible (A) + (B)	Élevée (A) + (B) + (C)	Faible	Élevé
Afrique	48.5	49.4	1.9			0.0	49.4	49.4	0.0	0.0
Asie	1 660.6	1 658.6	-0.1	24.3	59.7	84.0	1 682.9	1 742.6	1.5	5.1
Chine (République populaire de)	1 141.5	1 135.5	-0.5	13.2	25.4	38.6	1 148.7	1 174.1	1.2	3.4
Inde	179.5	185.3	3.2	6.0	25.8	31.8	191.3	217.1	3.2	17.2
ASEAN	82.9	86.0	3.6	0.5	5.5	6.0	86.5	92.0	0.6	7.0
CEI + Ukraine	114.3	114.5	0.2	1.5	0.8	2.3	116.0	116.8	1.3	2.0
Europe	280.5	280.5	0.0	9.2	16.3	25.5	289.7	305.9	3.3	9.1
Union européenne	205.7	204.7	-0.5	5.0	6.0	11.0	209.7	215.7	2.4	5.4
Autres Europe	74.9	75.8	1.2	4.2	10.3	14.5	80.0	90.2	5.5	19.1
Amérique latine	74.2	74.4	0.3	0.4		0.4	74.7	74.7	0.5	0.5
Moyen-Orient	94.9	96.2	1.4	4.7	9.4	14.1	100.9	110.3	4.9	14.6
Amérique du Nord	163.3	165.2	1.2	5.8	4.8	10.6	171.0	175.7	3.5	6.4
Océanie	6.4	6.4	0.0	0.8	1.3	2.1	7.2	8.4	12.5	32.1
Pays Membres de l'OCDE.	640.4	637.2	-0.5	18.3	24.3	42.6	655.5	679.8	2.9	6.7
Économies partenaires de l'OCDE	1 802.2	1 807.9	0.3	28.4	67.9	96.2	1 836.2	1 904.1	1.6	5.3
Total mondial	2 442.6	2 445.1	0.1	46.7	92.1	138.8	2 491.8	2 583.9	1.9	5.7

Note : Les données relatives aux capacités intègrent les informations disponibles jusqu'en décembre 2025. Le terme « Europe » désigne à la fois les Membres de l'OCDE et les économies partenaires en Europe, ainsi que la Türkiye. Les chiffres relatifs à l'Union européenne couvrent tous les États membres de l'UE. Les estimations concernant les capacités de production d'acier en 2028 et les pourcentages de variation attendus sont basées uniquement sur les ajouts bruts ; par conséquent, les niveaux de capacité réels seront affectés par les éventuelles fermetures au cours de cette période. ASEAN : Association des nations de l'Asie du Sud-Est ; CEI : Communauté des États indépendants.
Source : Secrétariat du Comité de l'acier de l'OCDE.

En ce qui concerne l'évolution des capacités régionales, l'Asie devrait connaître une augmentation significative de ses capacités de production d'acier au cours des trois prochaines années, à condition que tous les projets en cours soient menés à bien et que ces réalisations ne soient pas contrebalancées par des fermetures. Les ajouts de capacités régionales dont l'entrée en service est prévue en 2026-2028 s'élèvent à 24.3 Mt (+1.5 %), auxquelles s'ajoutent 59.7 Mt (+5.1 %) en phase de planification. La Chine devrait inverser la tendance récente à la baisse de ses capacités et se hisser en tête des pays affichant la plus forte croissance dans ce domaine. L'Inde restera un acteur majeur, les deux pays représentant ensemble 83.8 % des ajouts de capacités de production d'acier en Asie.

Après l'Asie, c'est l'ensemble régional « Autres Europe » (y compris la Türkiye) et le Moyen-Orient qui devraient enregistrer les plus fortes augmentations de capacité. Dans la catégorie « Autres Europe », la Türkiye représente 78.8 % du surcroît de capacité prévu, ce qui s'explique en partie par la demande intérieure, qui n'a cessé de croître au cours de la dernière décennie. Les perspectives pour le Moyen-Orient sont incertaines en raison des tensions géopolitiques qui y règnent actuellement.

Dans les autres régions, les ajouts de capacité de production d'acier devraient s'accroître de la manière suivante au cours des trois prochaines années : augmentation de 2.3 Mt (+2.0 %) dans la Communauté des États indépendants (CEI) et en Ukraine, de 25.5 Mt (+9.1 %) en Europe, de 10.6 Mt (+6.4 %) en Amérique du Nord, de 0.4 Mt (+0.5 %) en Amérique latine et de 2.1 Mt (+32.1 %) en Océanie. En Afrique, aucun projet spécifique n'est en cours à l'heure actuelle.

Le tableau ci-dessous présente les ajouts potentiels de capacité brute par région et par type de production de 2026 à 2028. Sur la capacité totale mondiale de 138.8 Mt annoncée pour les projets en cours ou en phase de planification et dont l'achèvement est prévu au cours des trois prochaines années, ceux concernant les convertisseurs à oxygène (BOF) représentent 46 % du total, contre 51 % pour les projets de fours à arc électrique (EAF). Il convient de souligner que la Chine et l'Inde maintiendront leurs investissements dans les projets sidérurgiques intégrés, tandis qu'ailleurs, l'augmentation des capacités se fera principalement par l'installation de fours électriques.

Graphique 3.3. Les capacités de production d'acier de l'Asie devraient continuer à croître rapidement

Ajouts potentiels de capacité brute de production d'acier par région et par type de production, 2026-2028, en millions de tonnes (Mt)

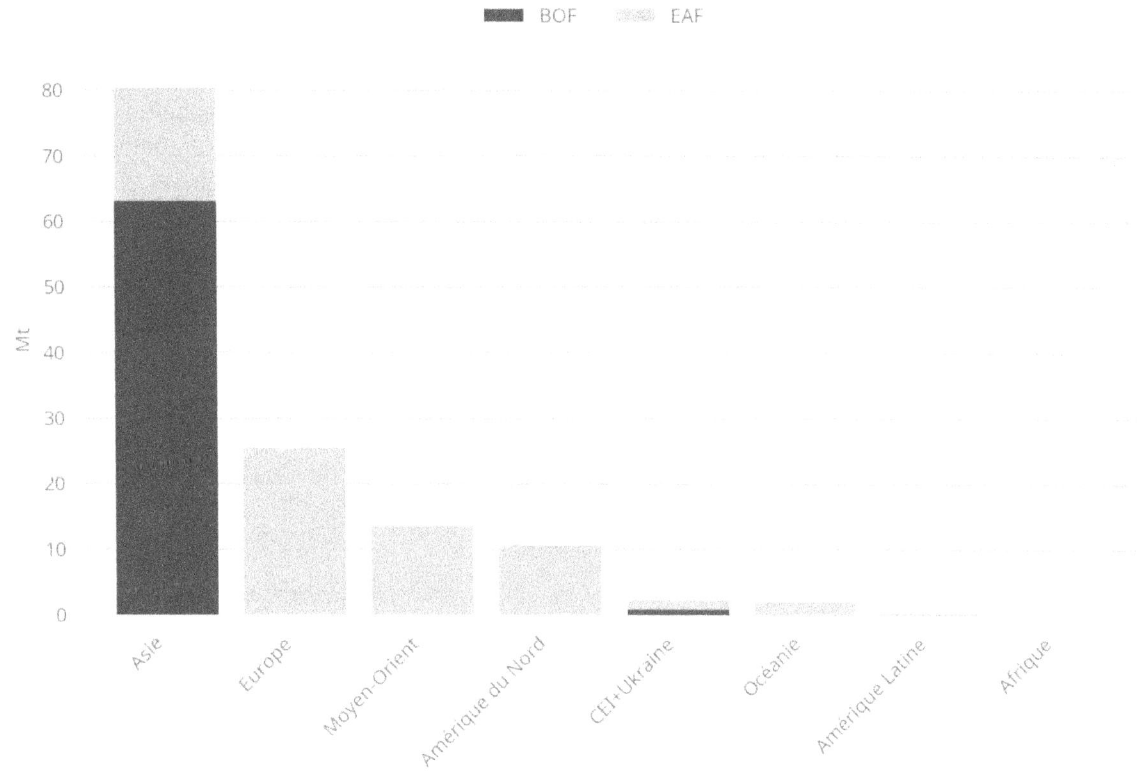

Note : Les données de capacité englobent à la fois les projets en cours et prévus et ne tiennent pas compte des éventuelles fermetures pouvant survenir au cours de la période. BOF : convertisseur à oxygène ; EAF : four à arc électrique ; CEI : Communauté des États indépendants.
Source : Secrétariat du Comité de l'acier de l'OCDE.

L'augmentation des capacités est forte dans certaines régions d'Asie

Chine

En 2021, le gouvernement chinois a introduit des règles obligatoires régissant le remplacement des installations obsolètes par de nouvelles usines et de nouveaux équipements. (MIIT, 2021[1]). Cette mesure, motivée par des préoccupations liées à la surcapacité et à l'impact environnemental des anciennes lignes de production, interdisait toute augmentation nette de la capacité de production d'acier. En règle générale, les entreprises devaient supprimer davantage de capacités qu'elles n'en ajoutaient, conformément aux ratios de remplacement prescrits. Ces mesures visaient également à encourager une utilisation accrue des EAF, à renforcer la surveillance environnementale et à imposer un contrôle plus strict des opérations d'échange de capacités.

L'objectif de réduction de la capacité nette s'est toutefois révélé difficile à atteindre. Le mécanisme d'échange obligeant les producteurs à associer les ajouts de capacité à des fermetures n'aboutissait parfois qu'à des réductions limitées, voire nulles, car les sites démantelés renfermaient souvent des usines et des équipements vétustes et moins performants qui, dans certains cas, fonctionnaient au ralenti ou étaient hors service (Zhang, 2024[2]).

Par conséquent, les autorités ont suspendu ce mécanisme de remplacement des capacités en 2024, dans le but affiché de durcir la réglementation et de mieux l'adapter à l'évolution des orientations de la Chine en matière d'environnement et de décarbonation (MIIT, 2024[3]).

Le ministère de l'Industrie et des Technologies de l'information (MIIT) a ensuite élaboré une proposition visant à améliorer les mesures réglementaires, qu'il a soumise à la consultation publique en octobre 2025 (MIIT, 2025[4]). Le projet propose de renforcer la conformité, d'éliminer les capacités fantômes et de mieux intégrer le système au programme national de réduction des émissions de carbone. Ces révisions restreindraient le champ d'éligibilité des capacités pouvant être utilisées à des fins de remplacement (par exemple, en exigeant la preuve d'un fonctionnement continu), augmenteraient les ratios de remplacement en les harmonisant de façon plus stricte et instaureraient des mécanismes d'incitation à l'efficacité carbone.

L'un des axes majeurs de cette réglementation réside dans l'obligation d'appliquer un ratio de remplacement strict de 1.5:1 servant de référence nationale pour la production d'acier intégrée. Ce ratio de 1.5:1 impose aux producteurs d'acier de fermer définitivement et de démanteler 1.5 unité de capacité de production existante et légalement enregistrée pour chaque unité de nouvelle capacité qu'ils ont l'intention de mettre en service. En revanche, le ratio de remplacement pour les EAF est maintenu à 1:1, une règle plus souple que celle imposée à la filière intégrée.

Dans ce contexte, et comme indiqué ci-dessus, la Chine pourrait néanmoins redevenir le premier contributeur à l'extension des capacités mondiales à l'horizon 2028 en ajoutant jusqu'à 38.6 Mt de capacités de production d'acier brut d'ici là. L'effet net d'une telle augmentation dépendra toutefois de l'ampleur des fermetures correspondantes qui seront opérées dans le cadre du nouveau dispositif actuellement à l'étude.

Inde

Sous l'impulsion de dépenses d'infrastructure massives, effectives et prévisionnelles, le secteur sidérurgique indien affiche désormais le taux de croissance le plus élevé au monde parmi les pays producteurs. Entre 2021 et 2025, le pays a ajouté en moyenne plus de 10 Mt de capacité de production d'acier brut par an, et cette tendance à la hausse devrait s'accélérer, pour atteindre une capacité comprise entre 191.3 Mt et 217.1 Mt d'ici 2028. L'extension de capacité de 41.4 Mt enregistrée entre 2021 et 2025 a dépassé de 10 Mt l'augmentation nette de la capacité mondiale de production d'acier. L'Inde s'est ainsi positionnée en tête, loin devant les autres pays dont les augmentations nettes étaient inférieures à 10 Mt.

La croissance de la production d'acier indienne bénéficie d'un solide appui des pouvoirs publics, qui ont fixé en 2017 un objectif de capacité de 300 Mt pour 2030-31, prévoyant que la demande d'acier pour les produits finis serait de l'ordre de 230 Mt (soit l'équivalent de 255 Mt d'acier brut) (Gouvernement de l'Inde, 2024[5]). Ces derniers temps, la demande intérieure d'acier a en effet augmenté plus rapidement que la capacité. Ce faisant, l'Inde est passé en quelques années du statut de grand exportateur net d'acier au statut d'importateur marginal puisque ses importations ont légèrement dépassé ses exportations en 2024 et 2025. D'après les projections de l'OCDE, si la capacité atteint l'objectif fixé par les pouvoirs publics d'ici 2030, elle dépassera la demande en équivalent acier brut d'environ 90 Mt.

Du point de vue de l'action publique, l'importance stratégique accordée au secteur sidérurgique s'incarne dans la Politique nationale de l'acier de 2017 (Gouvernement de l'Inde, 2017[6]). Bien que les décisions en matière de prix, de production et d'investissement soient laissées aux producteurs, l'État joue néanmoins un rôle clé en tant que facilitateur en créant un environnement politique propice au développement sectoriel (Ministère de l'acier, 2025[7]). Ses interventions prennent diverses formes : 1) la promotion de l'acier indien dans les marchés publics ; 2) l'introduction d'un mécanisme d'incitations financières indexées sur la production destiné à développer les aciers spéciaux via une subvention directe représentant 4 à 12 % de la valeur du surcroît de production. (Ministère de l'acier, 2021[8]); 3) le renforcement les normes de qualité applicables aux importations ; 4) la promotion de l'efficacité énergétique par la délivrance de certificats d'économies d'énergie négociables aux entreprises qui ont dépassé les objectifs imposés de réduction de leur consommation d'énergie (Bureau de l'efficacité énergétique, 2026[9]); 5) la sécurisation de l'approvisionnement du secteur en matières premières (Gouvernement de l'Inde, 2017[6]) ; et 6) une action résolue en faveur de la décarbonation de l'industrie par le biais d'un système d'échange de crédits carbone (Ministère de l'acier, 2024[10]). En ce qui concerne l'avenir, le Premier ministre a indiqué qu'en 2047, la production d'acier de l'Inde pourrait atteindre 500 Mt (NEWKERALA, 2025[11]).

Asie du Sud-Est

L'Institut du fer et de l'acier de l'Asie du Sud-Est (SEAISI) a fait part de ses inquiétudes quant à l'impact croissant de la crise mondiale de surcapacité dans la région de l'ASEAN. Cette pression est exacerbée par des plans d'expansion régionale qui dépassent largement la demande d'acier prévue, ce qui rend le marché régional de plus en plus vulnérable aux bouleversements des flux d'échanges d'acier.

Le Viet Nam et l'Indonésie se sont distingués comme les principaux moteurs de la croissance des capacités dans la région, avec des niveaux de capacité annuels de 29.0 Mt et 23.8 Mt, respectivement. Au Viet Nam, le gouvernement a annoncé en février 2026 un plan stratégique pour l'industrie, en vertu duquel le pays s'orienterait vers une autosuffisance totale au cours des 25 prochaines années. La production passerait de 24.7 Mt d'acier brut par an en 2025 à entre 65 et 70 Mt d'ici 2050, avec un objectif intermédiaire de 33 à 36 Mt par an d'ici 2035 (ASEMConnect, 2026[12]). La feuille de route donne expressément la priorité à la production nationale dans les segments à forte valeur ajoutée pour lesquels le pays demeure actuellement très tributaire des approvisionnements étrangers. Cela concerne notamment les aciers spéciaux destinés aux secteurs de l'automobile, de la construction navale, de l'énergie et des infrastructures ferroviaires. En substituant une production locale à ces importations haut de gamme, cette stratégie vise non seulement à sécuriser l'approvisionnement intérieur, mais également à jeter les bases d'une offre compétitive pour exporter des produits à forte valeur ajoutée sur les marchés mondiaux (Kallanish, 2026[13]).

Moyen-Orient

Le Moyen-Orient se classe au deuxième rang des régions affichant la croissance la plus rapide après l'Asie, tant en volume qu'en taux de croissance des capacités de production d'acier. La République islamique d'Iran (ci-après l'« Iran ») représentait 62 % de la capacité totale de production d'acier du Moyen-Orient en 2025 et a été le principal moteur de l'expansion régionale. Sa situation a toutefois été fortement affectée par le conflit dans la région, qui pourrait bien avoir des répercussions sur les pays voisins et au-delà. Le volume des ajouts de capacités d'ici 2028 devrait largement dépasser la demande régionale, bien que de fortes incertitudes entourent ces prévisions en raison du conflit.

Investissement transnational dans la production d'acier

Les investisseurs chinois continueront de jouer un rôle de premier plan dans le financement des installations de production d'acier intégrée à l'étranger

Le Graphique 3.4 illustre la répartition des investissements transnationaux pour les projets dont le lancement est programmé à compter de 2025. Les investissements transnationaux représentent environ 21 % des capacités associées à l'ensemble des investissements futurs, plus de la moitié d'entre eux impliquant soit une entreprise chinoise seule, soit des coentreprises avec des partenaires chinois. Ces investissements doivent également être replacés dans le contexte plus large des pratiques chinoises de délocalisation des capacités ; la réduction des capacités nationales s'est ainsi accompagnée d'un soutien financier à la création de nouvelles capacités de production d'acier à l'étranger, notamment par l'apport de capitaux, d'équipements, de pièces détachées et de matériaux chinois (State Council, 2015[14]). À l'échelle régionale, plus de 93 % de ces investissements sont concentrés en Asie, le reste étant orienté vers l'Afrique. En ce qui concerne les types d'équipements, environ 86 % des investissements chinois (moyenne des projets exclusivement chinois et des coentreprises) ciblent les installations de convertisseurs à oxygène (BOF).

Parmi les investissements transnationaux impliquant des sociétés chinoises, 70 % comptent au moins une entreprise publique. La capacité moyenne par projet pour les investissements impliquant des entreprises publiques est supérieure de 3.3 Mt à la moyenne de 2.4 Mt enregistrée pour les entreprises privées, ce qui indique une tendance à des investissements à plus grande échelle de la part des entreprises publiques (Graphique 3.5).

Graphique 3.4. Les investissements directs internationaux chinois stimulent l'expansion des capacités sidérurgiques en Asie et en Afrique

Investissements transnationaux dont la mise en service est programmée à compter de 2025, par économie investisseuse et par technologie, en % (à gauche) et par région d'accueil, en millions de tonnes (Mt) (à droite)

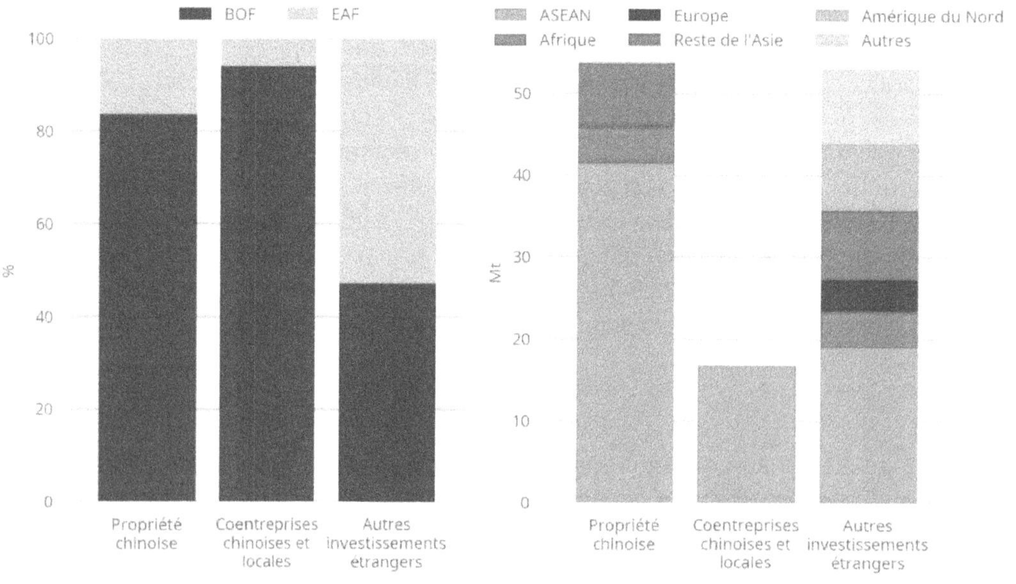

Note : BOF : convertisseur à oxygène ; EAF : four à arc électrique ; ASEAN : Association des nations de l'Asie du Sud-Est.
Source : Secrétariat du Comité de l'acier de l'OCDE.

Graphique 3.5. Les entreprises publiques chinoises investissent massivement dans de nouvelles aciéries intégrées à l'étranger

Répartition des investissements transnationaux en 2025 et au-delà, par type d'équipement pour les entreprises publiques et privées chinoises, en millions de tonnes (Mt)

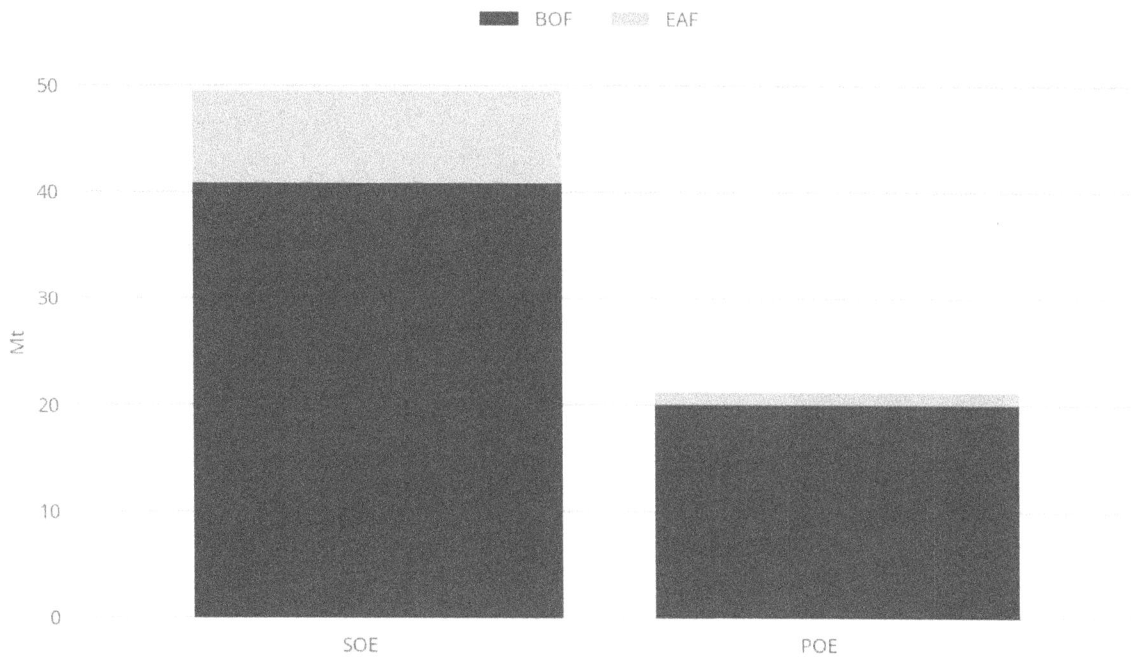

Note : BOF : convertisseur à oxygène ; EAF : four à arc électrique.
Source : Secrétariat du Comité de l'acier de l'OCDE.

Évolution de la production de fonte et du fer de réduction directe

Les hauts fourneaux impliquent des engagements à long terme et doivent fonctionner en continu pour être rentables

L'évolution des capacités de production de fonte brute des hauts fourneaux (BF) montre qu'une grande partie des surcapacités structurelles recensées dans le secteur de l'acier brut demeure ancrée dans le segment de la production de fonte en amont. En 2024, la production mondiale de fonte brute issue des hauts fourneaux a atteint environ 1.3 milliard de tonnes, soit près de dix fois celle du fer de réduction directe (DRI), qui s'élevait à 145.6 Mt. La Chine, principale source d'acier produit dans des aciéries intégrées, représentait environ 70 % de la production mondiale.

Si le taux de croissance global des capacités de production de fonte brute est modeste, ce chiffre agrégé masque des évolutions très contrastées d'une région à l'autre. Actuellement, les économies avancées prévoient de fermer des hauts fourneaux en raison du vieillissement des actifs ou de la transition vers de nouveaux procédés de fabrication de l'acier. À l'inverse, les économies émergentes, en particulier en Asie, mettent en service et installent de grands hauts fourneaux à la pointe de la technologie. Cette configuration, dans laquelle les réductions de capacité dans certaines régions sont compensées par de nouvelles installations massives ailleurs, maintient la capacité mondiale de fonte brute à un niveau élevé, ce qui complique les efforts visant à remédier aux excédents de capacité.

La mise en service de hauts fourneaux d'une telle envergure exige des investissements initiaux considérables et un cycle de vie s'étalant souvent sur plusieurs décennies pour atteindre la viabilité économique, ce qui crée un profond « effet de verrouillage ». Cette rigidité structurelle et l'obligation d'exploiter un haut fourneau en continu entre deux réfections de cuve génèrent des pressions persistantes du côté de l'offre qui s'avèrent déconnectées des signaux du marché.

Graphique 3.6. De grands hauts fourneaux continuent d'être installés, en particulier dans les économies émergentes d'Asie

Capacité mondiale de production des hauts fourneaux, 2025 et au-delà (à partir de 2026), en millions de tonnes (Mt)

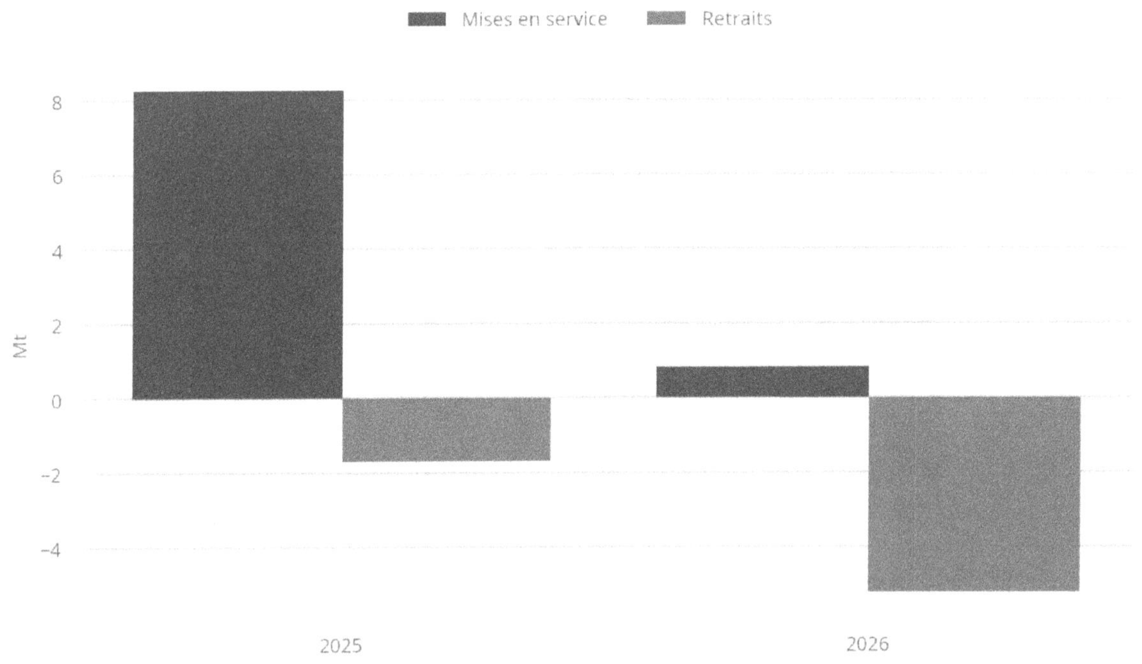

Note : Les données intègrent les nouveaux projets d'extension des capacités annoncés au cours du second semestre de 2025.
Source : Secrétariat du Comité de l'acier de l'OCDE.

Le marché du fer de réduction directe de haute qualité est tendu, une situation que compliquent les incertitudes entourant la continuité de l'approvisionnement

La production mondiale de fer de réduction directe (DRI) a presque doublé dans les dix dernières années, pour atteindre 145.6 Mt en 2024. Le marché est fortement concentré, l'Inde et l'Iran représentant à eux seuls plus de 70 % de la production mondiale. Pour l'avenir, l'Iran a mis en œuvre des projets visant à ajouter 11.8 Mt de nouvelles capacités de production de DRI, soit environ 40 % de l'accroissement total prévu au niveau mondial, mais le conflit au Moyen-Orient pourrait modifier considérablement ces projections.

Les perspectives du marché du DRI sont globalement positives, la demande augmentant parallèlement à l'expansion de la production d'acier par EAF et aux pressions en faveur de la décarbonation, qui poussent les producteurs vers les produits métalliques à base de DRI (S&P Global, 2026[15]). Du côté de l'offre, le Moyen-Orient constitue le premier marché mondial du DRI et une source majeure d'exportations. L'évolution de la situation géopolitique et les sanctions existantes à l'encontre de l'Iran créent toutefois des incertitudes quant à la continuité de l'approvisionnement, aux coûts et aux investissements futurs dans le secteur.

Au-delà de la production d'acier par EAF à partir de ferrailles, le DRI constitue également le fondement d'une sidérurgie à faibles émissions lorsqu'il est alimenté en hydrogène (H2). Cependant, un certain nombre de projets à faibles émissions initialement prévus ont récemment été annulés ou reportés en raison de conditions de marché défavorables et d'une faible demande résultant de la crise actuelle de surcapacité. Les travaux de recherche de l'OCDE montrent qu'au premier semestre 2025, plusieurs projets, représentant 19 % du total des projets à faibles émissions prévus d'ici 2027, ont été suspendus en raison des excédents de capacité mondiaux, des prix élevés de l'énergie et de l'incertitude réglementaire (OCDE, à paraître[16]). Les projets suspendus concernaient des conversions de BF-BOF vers des EAF (27 %), des projets H2-DRI (18 %), ainsi que des projets de captage, d'utilisation et de stockage du carbone (15 %). Par conséquent, la croissance continue des capacités de production d'acier soutenues par les pouvoirs publics non seulement aggrave les difficultés actuelles du marché, mais freine également le déploiement de capacités à faibles émissions, tout en exposant les installations récentes à forte intensité d'émissions au risque de devenir des actifs échoués dans un avenir relativement proche.

Références

ASEMConnect (2026), *Prime Minister of Vietnam on approval of scheme for development of steel industry till 2030, orientation toward 2050*, https://asemconnectvietnam.gov.vn/law.aspx?ZID1=10&ID1=2&MaVB_id=3114. [12]

Bureau de l'efficacité énergétique (2026), *Perform Achieve Trade (PAT)*, https://beeindia.gov.in/show_content.php?lang=1&level=1&ls_id=185&lid=72. [9]

Gouvernement de l'Inde (2024), *Ministère de l'acier*, https://www.pib.gov.in/PressReleaseIframePage.aspx?PRID=2082773&reg=3&lang=2 (consulté le 12 avril 2026). [5]

Gouvernement de l'Inde (2017), *Bureau d'information de la presse, gouvernement de l'Inde, Cabinet*, https://www.pib.gov.in/newsite/PrintRelease.aspx?relid=161491&reg=3&lang=2 (consulté le 12 avril 2026). [6]

Kallanish (2026), *Vietnam targets steel capacity growth, structural upgrades*, https://www.kallanish.com/en/news/steel/market-reports/article-details/vietnam-targets-steel-capacity-growth-structural-upgrades-0226/ (consulté le 26 février 2026). [13]

MIIT (2025), *《钢铁行业产能置换实施办法（征求意见稿）》公开征求意见*, https://policy.mofcom.gov.cn/claw/opinionInfo.shtml?id=6391 (consulté le 10 avril 2026). [4]

MIIT (2024), *Notice of the General Office of the Ministry of Industry and Information Technology Regarding the Suspension of Steel Capacity Replacement Work*, https://www.chinaisa.org.cn/gxportal/xfgl/portal/content.html?articleId=69b59a7c6d353b860135fd64e0829b29b80d1ecf3716b4b82580099db568eea4&columnId=3683d857cc4577e4cb75f76522b7b82cda039ef70be46ee37f9385ed3198f68a (consulté le 10 avril 2026). [3]

MIIT (2021), *钢铁行业产能置换实施办法*, https://gxt.ln.gov.cn/gxt/szln_zzqs0/1AB4550463324898B1CC4D2A3853776A/P020210518563852660099.pdf (consulté le 10 avril 2026). [1]

Ministère de l'acier (2025), *Impact of Steel Imports on Domestic Steel Manufacturers*. [7]

Ministère de l'acier (2024), *Steps to reduce carbon footprint in steel industry*, https://www.pib.gov.in/PressReleasePage.aspx?PRID=2043652&reg=3&lang=2. [10]

Ministère de l'acier (2021), *Union Cabinet approves Production-linked Incentive (PLI) Scheme for Specialty Steel*, https://www.pib.gov.in/PressReleasePage.aspx?PRID=1737723&reg=3&lang=2. [8]

NEWKERALA (2025), *India must expand steel production to achieve 'zero import & net export' goal: PM Modi*, https://www.newkerala.com/news/o/india-expand-steel-production-achieve-zero-import-net-export-304. [11]

OCDE (à paraître), *Navigating transition and excess capacity*, Éditions OCDE, Paris. [16]

S&P Global (2026), *Middle East conflict puts the DRI market under threat*, http://www.spglobal.com/market-intelligence/en/news-insights/research/2026/03/middle-east-conflict-puts-the-dri-market-under-threat. [15]

State Council (2015), *国务院关于推进国际产能和装备制造合作的指导意见---国家能源局*, https://www.nea.gov.cn/2015-05/18/c_134248069.htm (consulté le 6 mai 2026). [14]

Zhang, J. (2024), *China's latest steel capacity swap move not enough to curb industry expansion*, https://www.spglobal.com/energy/en/news-research/latest-news/metals/082924-chinas-latest-steel-capacity-swap-move-not-enough-to-curb-industry-expansion (consulté le 12 avril 2026). [2]

4 Les subventions à l'acier continuent de gagner du terrain, faussant fortement les marchés

Les subventions à l'industrie sidérurgique continuent de s'accroître, principalement en dehors de la zone de l'OCDE. Les dernières données montrent que l'aciériste chinois médian a bénéficié en 2024 d'un niveau de soutien rapporté à la taille de ses actifs quinze fois supérieur à celui du producteur médian ailleurs dans le monde, contre dix fois supérieur les années précédentes. De récents travaux empiriques montrent que le recours généralisé aux subventions fausse fortement la concurrence et affaiblit le fonctionnement de marché du secteur. En 2025, les mesures de soutien chinoises ont principalement pris la forme de programmes de subventions provinciaux et municipaux, avec l'introduction de 59 nouveaux programmes destinés à soutenir l'industrie sidérurgique nationale, prévoyant en particulier des aides financières directes, du financement préférentiel et des ajustements réglementaires pour faciliter les investissements dans le secteur. Dans plusieurs cas, le soutien des pouvoirs publics est subordonné aux performances de production ou à la compétitivité à l'exportation, ce qui est susceptible d'affaiblir les signaux de sortie fondés sur le marché. De récents travaux de suivi montrent que les producteurs d'acier de la région Moyen-Orient et Afrique du Nord (MENA) bénéficient également d'un large éventail de subventions favorisant l'accroissement des capacités.

Les subventions croissantes à l'acier affaiblissent les comportements guidés par le marché

Les subventions généralisées faussant les mécanismes de marché constituent, de longue date, un problème majeur pour l'industrie sidérurgique. Elles entraînent des excédents de capacité et perturbent fortement la concurrence internationale. Ces subventions comprennent les aides financières directes, les emprunts à des taux inférieurs aux conditions du marché (BMB) et les avantages fiscaux, qui ont été quantifiés à l'aide de la base de données MAGIC (MAnufacturing Groups and Industrial Corporations) de l'OCDE sur le soutien aux entreprises. Le suivi régulier assuré par le Comité de l'acier de l'OCDE révèle de nombreuses autres formes de subventions plus difficiles à quantifier, telles que les apports de fonds propres allant à l'encontre des conditions du marché, les contrats d'échange sur actions à des conditions hors marché, la fourniture par les administrations publiques de biens et de services à des prix subventionnés, les subventions à l'exportation et les aides aux intrants à des conditions préférentielles ou hors marché, y compris la mise à disposition de terrains, d'énergie et de matières premières à des conditions préférentielles (OCDE, 2025[1]).

Les données les plus récentes disponibles sur les subventions quantifiées dans la base de données MAGIC montrent que les aciéristes des économies partenaires continuent de percevoir davantage de subventions, rapportées à la taille de leurs actifs, que les entreprises des Membres de l'OCDE. Par ailleurs, on observe un écart substantiel, tant dans les niveaux que dans l'évolution des subventions, entre les entreprises chinoises et celles établies dans les autres économies partenaires. Le Graphique 4.1 compare la situation pour les entreprises chinoises, celles des économies partenaires et celles des Membres de l'OCDE. Le graphique montre que le taux de subvention des entreprises chinoises affiche une forte tendance à la hausse depuis 2019, l'entreprise médiane ayant perçu environ quinze fois plus de subventions, rapportées à la taille de ses actifs, que les entreprises des autres économies partenaires et des pays Membres de l'OCDE en 2024. À ces préoccupations s'ajoutent des éléments suggérant que la Chine recourt de manière beaucoup plus intensive à des instruments de subvention particulièrement difficiles à quantifier (Mercier et Giua, 2023[2]).

Graphique 4.1. Les subventions à l'acier dans les économies partenaires sont principalement tirées par la Chine, l'aciériste chinois médian recevant environ quinze fois plus de subventions, rapportées à la taille de ses actifs, qu'un producteur médian ailleurs

Subventions rapportées aux actifs, médiane, 2006-2024

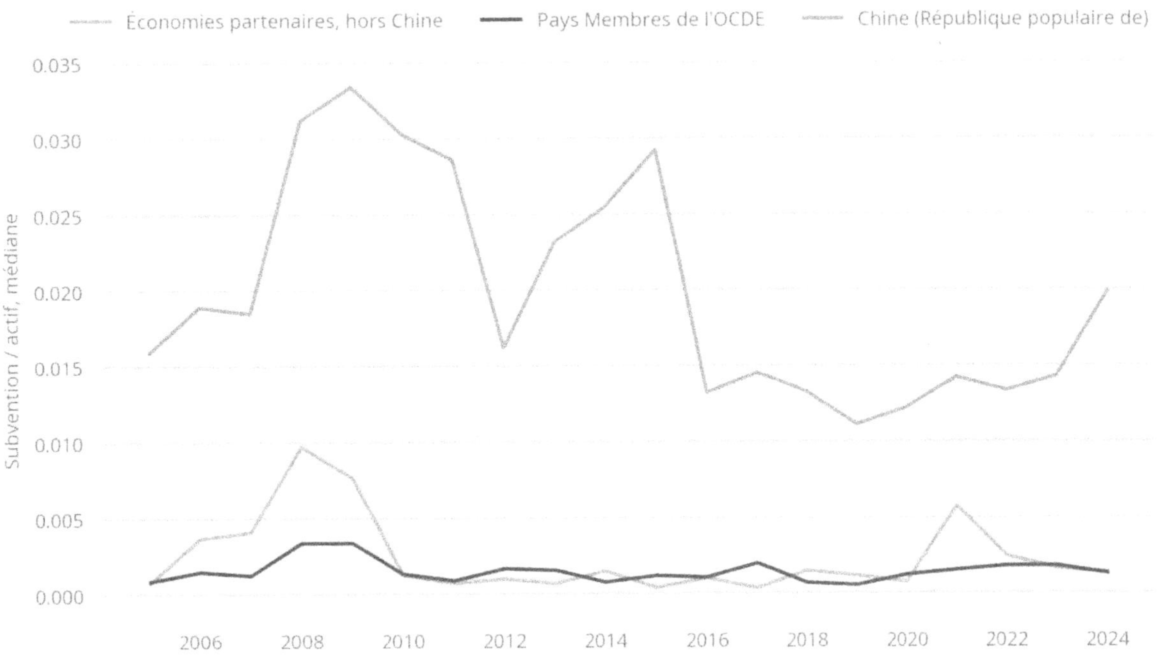

Remarque : Les subventions sont ici calculées comme la somme des aides financières directes, des emprunts à taux inférieurs aux conditions du marché (BMB) et, le cas échéant, des avantages fiscaux.
Source : Base de données MAGIC de l'OCDE.

Des travaux récents du Comité de l'acier de l'OCDE mettent en évidence les effets de distorsion généraux des subventions, lesquelles érodent les comportements guidés par le marché dans le secteur sidérurgique (OCDE, à paraître[3]). Même en l'absence d'accroissements de capacités induits par les subventions, ceux-ci peuvent fausser les conditions de concurrence tant au niveau national qu'international. En affaiblissant les signaux de marché, les subventions permettent aux entreprises moins efficientes de maintenir, voire d'accroître, leurs parts de marché, au détriment de concurrents moins subventionnés, qu'ils soient nationaux ou étrangers. Ce faisant, les subventions entraînent une allocation manifestement sous-optimale des ressources et une perte nette de bien-être économique.

Les effets de distorsion des subventions sont importants. Les régressions économétriques fournissent des éléments probants montrant que les aides financières directes, les BMB et les avantages fiscaux ont un effet positif sur les parts de marché des entreprises bénéficiaires, alors même que leur productivité, leur efficience-coût et leur solidité financière ne s'améliorent pas et sont souvent inférieures à celles des entreprises moins subventionnées au départ (OCDE, 2025[4] ; à paraître[3]). Des effets induits préjudiciables sont également observés sur les concurrents, qui perdent des parts de marché au profit d'entreprises plus fortement subventionnées, malgré une performance financière plus solide (Graphique 4.2). Ces effets peuvent freiner les investissements à l'échelle du secteur et dissuader les concurrents de moderniser leurs installations ou d'investir autrement.

Graphique 4.2. Les aciéristes les moins subventionnés perdent des parts de marché au profit de leurs concurrents plus fortement soutenus, malgré une performance financière plus solide

Performance par quartile d'intensité de subvention

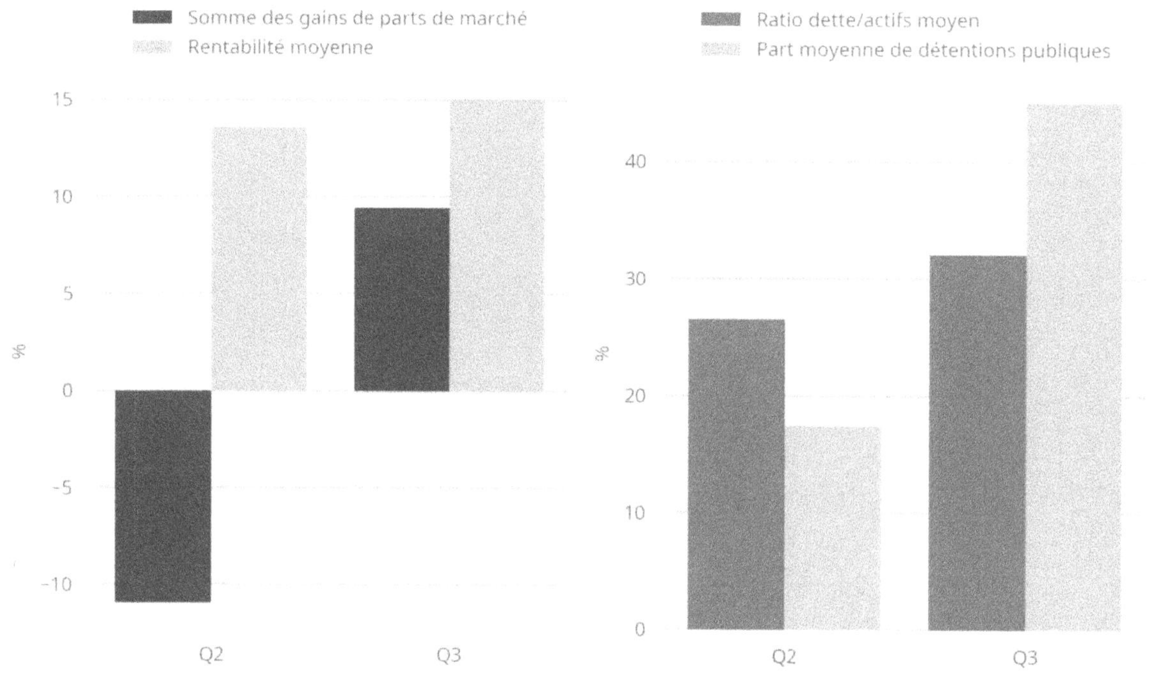

Note : les quartiles d'intensité de subvention sont représentés sur l'axe des X, du quartile le plus faible Q1 au plus élevé Q4. Ainsi, le niveau de subvention augmente de gauche à droite. Il s'agit d'un graphique au niveau des observations, ce qui signifie qu'une même entreprise peut apparaître dans différents quartiles d'intensité de subvention selon les années, en fonction de son ratio annuel subventions/actifs. Les quartiles de subvention sont définis sur la base des quantiles à 25 % de la somme des aides directes et des emprunts à taux inférieurs aux conditions du marché (BMB) rapportée aux actifs totaux, soit (aides directes + BMB) / actifs. Par construction, chaque quartile contient approximativement le même nombre d'observations (environ 174 par quartile).
Source : Base de données MAGIC de l'OCDE pour les aciéristes.

Sur des marchés fonctionnant efficacement, une rentabilité plus élevée, une meilleure utilisation des capacités et un endettement plus faible tendent à être récompensés par des volumes de ventes plus importants. Les recherches de l'OCDE montrent que, dans le secteur sidérurgique, lorsque le soutien public augmente ou est plus élevé (comme c'est le cas dans les économies partenaires), ces signaux s'estompent rapidement : les entreprises fortement subventionnées gagnent du terrain même lorsqu'elles sont moins rentables, moins efficaces en termes de coûts et plus endettées que leurs pairs (OCDE, à paraître[3]). Plus une entreprise est subventionnée, moins ses gains de parts de marché sont corrélés à sa rentabilité, à son efficience-coût, à son taux d'utilisation des capacités et à un moindre endettement (Graphique 4.3).

Graphique 4.3. Des niveaux de subvention plus élevés dans le secteur de l'acier affaiblissent la corrélation entre la performance financière et les gains de parts de marché

Corrélations entre la performance financière des entreprises et l'évolution des parts de marché, par quartile d'intensité de subvention

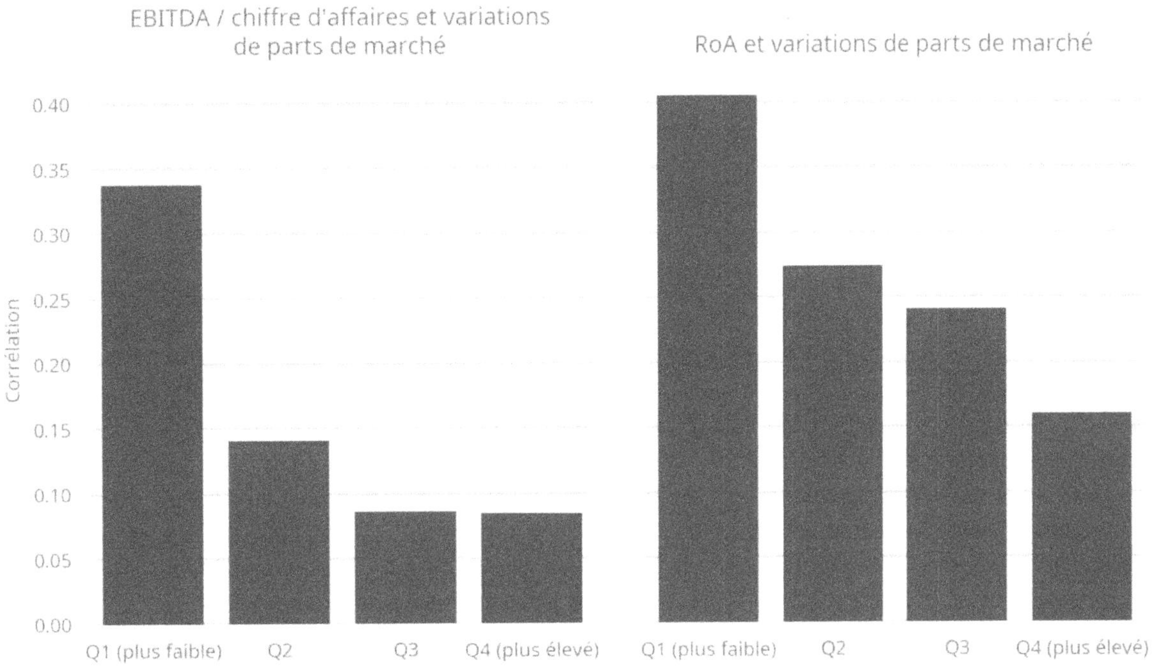

Source : Base de données MAGIC de l'OCDE pour les aciéristes.

L'affaiblissement de la corrélation entre les résultats en termes de parts de marché et les indicateurs de performance, tels que la rentabilité, le taux d'utilisation des capacités et l'endettement, chez les producteurs d'acier les plus subventionnés, montre que les subventions faussent le bon fonctionnement des marchés. En atténuant les signaux de marché qui récompensent normalement les entreprises les plus efficientes – celles qui utilisent efficacement les ressources, créent davantage de valeur ou fonctionnent avec un endettement plus faible –, les subventions risquent de réduire l'efficacité économique globale et, en définitive, le bien-être collectif.

Suivi des mesures de soutien dans les pays et régions clés sélectionnés

L'OCDE assure un suivi régulier des subventions et des autres mesures et pratiques non fondées sur le marché dans un ensemble de pays clés. Les travaux menés en 2025 et au début de 2026 couvrent la Chine ainsi que la région Moyen-Orient et Afrique du Nord (MENA). D'autres pays et régions seront progressivement intégrés dans les futures analyses afin de fournir une vision de plus en plus complète des mesures et pratiques non fondées sur le marché en vigueur dans le secteur sidérurgique.

Chine

En 2025, le secteur sidérurgique chinois a continué de faire face à de fortes pressions structurelles, une demande intérieure atone, les excédents de capacité persistants et une intensification de la concurrence par les prix pesant sur les performances des aciéristes. Dans ce contexte, les décideurs ont de plus en plus interprété les conditions de marché sous le prisme de l'« anti-involution », concept qui met en cause la concurrence excessive et les guerres de prix destructrices érodant les marges sans résorber les déséquilibres fondamentaux entre l'offre et la demande. La réponse sectorielle spécifique introduite en 2025, le Plan d'action pour une croissance stable de l'industrie sidérurgique (2025-2026), vise à renforcer la discipline réglementaire, décourager la concurrence à perte et promouvoir la modernisation, la décarbonation et une production à plus forte valeur ajoutée (Gouvernement chinois, 2025[5]).

Le programme est principalement mis en œuvre par les autorités provinciales et municipales, qui peuvent néanmoins aller au-delà des objectifs nationaux en accordant des aides directes, des financements préférentiels et des allègements réglementaires en appui à l'industrie sidérurgique locale. Il en résulte une concurrence décentralisée au niveau local, qui conduit fréquemment à des expansions de capacités non coordonnées, à un soutien continu aux entreprises déficitaires et à une croissance de l'offre largement supérieure à la demande intérieure, renforçant les surcapacités structurelles et accentuant les distorsions de marché (Wu, 2019[6]).

L'OCDE a recensé 59 programmes de soutien liés à l'acier en vigueur au niveau des collectivités locales en 2025, avec une nette concentration des mesures dans les provinces orientales et côtières, où la production sidérurgique joue un rôle plus central dans l'activité industrielle locale. Toutefois, la transparence demeure une problématique de taille. Sur ces 59 programmes de subventions identifiés aux niveaux provincial et municipal, seuls 22 publient soit le montant total des aides versées, soit le niveau maximal de soutien par entreprise, et seule une très faible proportion rend compte des montants effectivement perçus par chaque entreprise sidérurgique. La plupart des programmes se contentent soit de dresser la liste des bénéficiaires sans fournir de détails financiers, soit de décrire les instruments éligibles – tels que les aides financières directes, les crédits préférentiels, les incitations fiscales ou les dispositifs d'allégement des coûts énergétiques – sans préciser les sommes versées. Par rapport à 2024, année au cours de laquelle 41 % des programmes publiaient les montants des subventions, la transparence a reculé. Dans le même temps, l'accès à l'information publique chinoise s'est progressivement restreint, notamment du fait de la mise en place d'un géoblocage sur les sites officiels du gouvernement, lequel affecte désormais plus de la moitié des portails gouvernementaux hébergés sur le territoire national lorsqu'ils sont consultés depuis l'étranger (Brussee, 2026[7]). Ces limites à la transparence posent un problème majeur, avec des conséquences concrètes. Elles compromettent les efforts de suivi indépendant et limitent la capacité à apprécier l'ampleur, la structure et les effets des subventions sur les échanges.

Subventions liées à la production / aux ventes

Une première catégorie de programmes potentiellement distorsifs regroupe les instruments qui lient directement le soutien public aux volumes de production atteints ou aux ventes réalisées. Contrairement aux mesures axées sur la modernisation ou la transition, ces programmes réduisent les coûts marginaux d'exploitation des entreprises et récompensent explicitement le maintien des niveaux de production, affaiblissant ainsi les signaux de sortie du marché et favorisant la persistance des excédents de capacité. L'exemple le plus emblématique est celui de la politique de soutien à la sidérurgie du comté de Yunhe, dans le Zhejiang, qui prévoit une subvention pouvant atteindre 2.3 % du chiffre d'affaires annuel, complétée par des primes par tonne produite, modulées par paliers, pour les volumes dépassant les seuils de référence convenus, avec des versements effectués sur une base mensuelle et des pénalités ou bonifications supplémentaires liées aux objectifs opérationnels fixés (Départements de l'économie et des technologies de l'information du Zhejiang, 2025[8]).

Une dynamique comparable est observée dans le programme de stabilisation industrielle du Guangxi pour les deuxième et troisième trimestres de 2025, qui prévoit des primes fondées sur les hausses, en glissement annuel, de la valeur de la production trimestrielle et étend explicitement ses critères d'éligibilité aux « industries en difficulté », telles que la sidérurgie.

Bien que présenté comme un dispositif de stabilisation de la croissance à court terme, ce programme incite directement à une augmentation de la production, indépendamment des conditions sous-jacentes du marché (Gouvernement du Guangxi, 2025[9]).

Pris ensemble, ces mécanismes s'avèrent particulièrement problématiques dans la mesure où ils favorisent le maintien de la production plutôt qu'un ajustement structurel, risquant ainsi de retarder la rationalisation des capacités et de renforcer les déséquilibres du côté de l'offre. De plus, ces mesures locales vont également à l'encontre des directives nationales anti-involution, qui appellent à la discipline de production, au contrôle des capacités et à l'endiguement de la concurrence destructrice.

Crédit préférentiel soutenant les surcapacités

La deuxième catégorie de soutien potentiellement distorsif regroupe les vastes programmes de crédit préférentiel pilotés par les pouvoirs publics, en particulier lorsque des financements sont accordés à des producteurs sidérurgiques en place sans exigences explicites de réduction des capacités. L'exemple le plus notable est celui des Lignes directrices de financement pour la transition de l'industrie sidérurgique du Hebei, dans le cadre desquelles les institutions financières ont approuvé 27.2 milliards CNY (yuans chinois) (environ 2.8 milliards USD) de lignes de crédit de transition au premier trimestre 2025, dont 15.8 milliards CNY déjà décaissés au profit de 11 aciéristes et d'un consommateur en aval, afin de financer des plans de transition au niveau des entreprises ainsi que des investissements de décarbonation au niveau des projets (notamment des rénovations à très faibles émissions, des améliorations de l'efficacité énergétique et des modernisations de procédés), à des taux inférieurs de 5 à 150 points de base à ceux de prêts comparables hors objectifs de transition (Banque populaire de Chine, 2026[10]). Une telle ampleur de prêts concessionnels crée un risque de distorsion de concurrence en réduisant les coûts de financement pour les entreprises bénéficiaires par rapport aux producteurs non soutenus, tant au niveau national qu'international.

Plus fondamentalement, le programme s'inscrit dans une logique plus large de « modernisation sans sortie », dans laquelle des investissements subventionnés ou financés à des conditions préférentielles améliorent l'efficacité et la performance environnementale au niveau des entreprises, sans exiger de réduction des capacités. En pratique, cela peut affaiblir les mécanismes d'ajustement normalement induits par le marché. En abaissant les coûts de financement des producteurs existants, le programme soutient des entreprises qui, autrement, auraient pu réduire leurs activités ou quitter le marché, ralentissant ainsi la consolidation et la réduction des capacités. En l'absence d'exigences contraignantes obligeant au retrait des capacités inefficientes, les financements de transition à grande échelle peuvent maintenir l'offre agrégée et retarder le rééquilibrage structurel, de sorte que les surcapacités sectorielles peuvent perdurer, même lorsque certaines installations deviennent plus propres ou plus efficaces.

Soutien à la compétitivité axé sur l'exportation

Le soutien à l'exportation est moins souvent présent dans les programmes que la transformation numérique ou la transition écologique. Plusieurs provinces intègrent la promotion des exportations dans des cadres plus larges de modernisation industrielle, combinant des instruments de réduction des coûts et des dispositifs de soutien à l'accès aux marchés. Dans le Hebei, l'initiative « *Hebei Products Going Overseas* » accompagne explicitement les clusters sidérurgiques et consommateurs d'acier dans leur développement à l'international en combinant promotion coordonnée à l'étranger, assistance en matière de conformité réglementaire et soutien à la participation aux salons internationaux, le tout renforcé en amont par une plateforme provinciale dédiée à la chaîne d'approvisionnement de l'acier qui fournit des services logistiques et des solutions de financement (Hebei, 2026[11]).

Dans le Shandong, la compétitivité à l'exportation est soutenue par des certifications vertes subventionnées, par des systèmes de comptabilisation et d'étiquetage de l'empreinte carbone des produits alignés sur les exigences des marchés de destination, ainsi que par des mécanismes de financement commercial préférentiels et des outils de développement international (Département de la science et de la technologie du Shandong, 2025[12] ; CCN, 2025[13] ; Ministère des finances de la province du Shandong, 2025[14]).

La province du Guangxi soutient les exportations au moyen d'aides directes, de bonifications d'intérêt et de dispositifs de réduction des coûts couvrant l'entreposage, le transport, les garanties et l'expansion sur les marchés étrangers (Gouvernement du Guangxi, 2026[15] ; 2025[9]). Ces mesures réduisent les coûts à l'exportation, atténuant ainsi en partie la sensibilité des producteurs aux signaux de prix mondiaux. Combinés à d'importantes subventions à la modernisation et à des financements préférentiels, ces instruments axés sur l'exportation risquent de renforcer les excédents de capacité en permettant aux aciéristes chinois de maintenir, voire d'accroître, leurs ventes à l'international malgré la faiblesse de la demande intérieure, et par conséquent de transférer les déséquilibres domestiques vers les marchés internationaux.

Région MENA

Les producteurs d'acier de la région MENA bénéficient d'un large éventail de subventions favorisant l'expansion des capacités de production. Ces mesures visent à réduire la dépendance aux intrants importés utilisés dans la production sidérurgique régionale en soutenant l'intégration en amont dans les matières premières et les produits intermédiaires, tout en encourageant l'intégration en aval avec les industries nationales consommatrices. Parallèlement, les pays s'emploient à promouvoir la transformation numérique, la transition écologique et la compétitivité-coûts, tout en stimulant l'investissement direct international afin de développer des chaînes de valeur locales. Les canaux de soutien les plus courants sont les subventions énergétiques, les exonérations fiscales et douanières, les prêts concessionnels, le traitement préférentiel des entreprises publiques, les marchés publics et les obligations de contenu local. Toutefois, le conflit au Moyen-Orient a accru l'impact budgétaire de ces mesures, la hausse des prix du pétrole et du gaz renchérissant le coût du maintien de prix domestiques subventionnés de l'énergie dans certains pays, et pourrait mettre au jour la dépendance de plusieurs régimes de soutien régionaux à l'égard de routes commerciales et d'infrastructures énergétiques stables (FMI, 2026[16]). À l'heure actuelle, les informations disponibles sur les mesures de soutien dans la région MENA ne permettent pas d'établir une comparaison solide avec les autres régions. Les travaux futurs s'emploieront donc à améliorer la comparabilité de ces mesures.

Algérie

Les subventions à l'énergie ont un impact important sur la production en Algérie, où les aciéries nationales reposent principalement sur les technologies du four à arc électrique (EAF) et du four à induction (IF). De fait, il n'existe qu'une seule aciérie utilisant le procédé haut fourneau-convertisseur à oxygène (BF-BOF), située dans le complexe industriel d'El Hadjar, dans la province d'Annaba. Étant donné que le reste de l'industrie utilise les procédés EAF ou IF, qui reposent sur le fer de réduction directe (DRI) ou la ferraille, ces installations utilisent le gaz naturel et l'électricité comme intrants énergétiques.

L'Algérie est le plus grand producteur de gaz naturel de la région, l'entreprise publique Sonatrach dominant la production, le transport et la distribution. Le gaz naturel est vendu à plus de 90 % en dessous des niveaux de recouvrement des coûts dans le pays et, pour les grands usagers industriels, la Commission de régulation de l'électricité et du gaz (CREG) fixe le prix à 0.48 USD par MMBtu (million de British Thermal Units), l'un des tarifs les plus bas de la région MENA (Commission de régulation de l'électricité et du gaz, 2025[17]).

Cet avantage en matière d'approvisionnement en gaz naturel permet à l'Algérie de fournir des intrants à faible coût pour la production d'électricité, avec des prix de l'électricité en 2023 estimés à 60 % en dessous des niveaux de recouvrement des coûts (OCDE, 2025[1]). Pour les consommateurs à forte intensité électrique, le prix fixé par la CREG est de 58 USD par MWh (mégawattheure) en heures de pointe, de 20

USD en heures normales et de 5 USD la nuit. Selon Bloomberg, le tarif moyen de l'électricité à usage industriel entre 2020 et 2023 a fluctué entre 12.4 USD et 13.4 USD par MWh, le situant parmi les plus bas de la région MENA (BloombergNEF, 2025[18]).

Égypte

Le gaz naturel en Égypte continue d'être subventionné par l'État. Comme établi dans des travaux antérieurs de l'OCDE, le prix du gaz pour le secteur sidérurgique a été abaissé à 5.5 USD par MMBtu en 2019-2020 et à 4.5 USD par MMBtu en 2020-2021, en dessous du prix appliqué au reste de l'industrie (OCDE, 2025[1]). Le prix pour le secteur sidérurgique s'est maintenu à 5.75 USD par MMBtu depuis 2021. La plupart des autres industries bénéficient également, à des degrés divers, de subventions sur le gaz naturel. Dans le contexte du conflit au Moyen-Orient, le maintien de tels prix industriels fixes du gaz pourrait devenir plus coûteux sur le plan budgétaire pour l'Égypte, les économies importatrices de pétrole de la région étant exposées à une hausse des coûts de l'énergie importée et à un durcissement des conditions extérieures (FMI, 2026[16]). Malgré ces subventions, les prix du gaz naturel sont généralement restés supérieurs aux prix mondiaux.

Le gouvernement contrôle également les tarifs de l'électricité pour toutes les aciéries en activité utilisant les technologies EAF ou IF, ce qui signifie que les producteurs égyptiens bénéficient de prix de l'électricité subventionnés. Le ministère de l'Électricité et des Énergies renouvelables fixe les prix pour les entreprises à environ 0.028 USD par kWh (kilowattheure), soit un niveau inférieur de 80 % à la moyenne mondiale en 2024 (Global Petrol Prices, 2025[19]).

La loi n° 73 de 2017 sur l'investissement reste en vigueur et prévoit plusieurs incitations fiscales, notamment une réduction de 30 % de l'impôt sur les bénéfices d'investissement dans plusieurs secteurs, tels que les industries métallurgique, mécanique et textile. En vertu de cette même loi, les zones économiques spéciales (ZES), où se situent la plupart des aciéries, profitent d'une réduction de 50 % de l'impôt sur les bénéfices d'investissement (République arabe d'Égypte, 2017[20]).

Le pays cherche activement à accroître ses capacités de production et ses exportations d'acier (Ministère de l'industrie, 2025[21]), tout en reconnaissant que le pays est déjà en situation de surproduction (Salaasil news, 2025[22]). Le gouvernement a, par exemple, approuvé la construction d'un nouveau complexe sidérurgique dans la zone économique du canal de Suez en dépit d'un ralentissement de l'industrie sidérurgique nationale causé par une baisse de la demande intérieure d'acier et une pénurie de devises en 2023 (Ahram Online, 2023[23]). La guerre en République islamique d'Iran (ci-après l'« Iran ») pourrait également compliquer cette orientation expansionniste, l'Égypte ayant déjà annoncé, en réponse à la hausse des coûts énergétiques et aux contraintes budgétaires liées au conflit, un ralentissement temporaire de ses grands projets publics fortement consommateurs de carburant ainsi qu'une réduction des quotas de carburant alloués aux véhicules de l'État (Reuters, 2026[24]).

Libye

La Libye ne compte actuellement qu'un seul producteur d'acier, la société publique *Libyan Iron and Steel Company*, qui a démarré ses activités en 1979. Un second projet d'aciérie, annoncé en 2024, doit être développé à Benghazi par le groupe turc Tosyalı ; la nouvelle installation devrait disposer d'une capacité de production annuelle de 2.7 Mt, ce qui augmenterait la capacité sidérurgique nationale de 163 % (Yermolenko, 2024[25]). Outre l'acier, le pays produit du DRI ; les projets annoncés pourraient le placer parmi les cinq premiers producteurs mondiaux de fer préréduit s'ils sont pleinement mis en œuvre.

Le gouvernement continue de fortement subventionner l'électricité (EIA, 2024[26]). Le tarif général de l'électricité pour l'industrie lourde a été fixé à 36 USD par MWh en 2025 (Libyan Centre for Strategic Studies, 2025[27]).

Maroc

L'industrie sidérurgique marocaine s'est développée rapidement ces dernières années, malgré des coûts de l'électricité sensiblement plus élevés que dans les autres pays de la région MENA. Parmi les différentes formes de soutien, les aides financières directes ont souvent été privilégiées.

La Stratégie nationale pour l'hydrogène 2020-30 du Maroc soutient le développement rapide de la production d'hydrogène vert et de la capacité en énergies renouvelables. Le pays ambitionne de devenir l'un des principaux exportateurs mondiaux d'hydrogène vert, avec pour objectif de couvrir 4 % de la demande mondiale à l'horizon 2050 (Royaume du Maroc, 2021[28]). Afin de soutenir ces ambitions, l'État a décidé d'allouer jusqu'à 1 million d'hectares de terres à des projets intégrés d'hydrogène vert, répartis en lots de 10 000 à 30 000 hectares (Royaume du Maroc, 2025[29]). Les études de faisabilité sont menées conjointement par l'agence publique ONEE et des entreprises privées.

Alors qu'une partie de la production sera exportée, le Royaume prévoit également d'utiliser cet hydrogène vert pour décarboner certaines industries dans le cadre de ses objectifs de réduction des émissions nationales et pour atténuer l'impact du mécanisme d'ajustement carbone aux frontières de l'Union européenne (MACF). L'hydrogène vert devrait jouer un rôle plus direct dans la décarbonation de la grande industrie des engrais au Maroc, mais pourrait également bénéficier au secteur sidérurgique, une fois disponible en abondance et à un coût compétitif.

Enfin, le Fonds de soutien de l'innovation (FSI) apporte son appui actif à l'industrie sidérurgique marocaine dans le cadre de programmes d'aide au développement de produits innovants. En 2023, le premier projet a bénéficié à *Maghreb Steel*, l'un des principaux aciéristes nationaux, avec l'octroi d'un soutien financier de 31 millions USD pour le développement d'un type innovant d'acier micro-allié. D'autres projets visent à soutenir les producteurs en aval de la filière sidérurgique, notamment dans des domaines tels que l'acier résistant à la corrosion et les simulateurs de galvanisation. Au travers de ces programmes, l'État octroie de facto des aides financières directes aux producteurs d'acier (Ibriz, 2023[30]).

Oman

Le gouvernement omanais soutient son industrie sidérurgique au moyen d'un large éventail d'instruments, dont semblent bénéficier tant les entreprises publiques que les entreprises privées. Les aciéries à Oman sont concentrées dans deux zones industrielles, avec une installation également dans une troisième. En vertu de la loi sur les zones franches de 2002, les investisseurs dans les ZES sont exonérés d'impôt sur les sociétés et de droits de douane, et ne sont soumis à aucune restriction sur les opérations de change et les transferts en devises (Sultanat d'Oman, 2022[31]). Un « guichet unique » simplifie par ailleurs les procédures administratives en donnant accès à tous les services sur un seul et même portail, que ce soit pour les raccordements aux réseaux publics, les autorisations environnementales, les certificats d'exonération fiscale ou encore les permis de travail (Sohar Port and Freezone, 2025[32]).

Parmi les aciéries actuellement en activité à Oman, trois sur cinq sont implantées dans la ZES de Sohar, avec une capacité de production cumulée de 3.8 Mt d'équivalent acier brut, représentant 90 % de la capacité nationale en date de 2025. Les deux autres installations, de plus petite taille, sont situées dans la ZES de Rusayl, près de Mascate. Le plus grand projet sidérurgique prévu dans le pays est un projet intégré d'acier vert porté par le groupe chinois *Jindal Steel* (Oman Observer, 2023[33]).

Les ZES attirent également un nombre important de producteurs en amont d'intrants sidérurgiques, tels que le concentré de fer, les pellets de minerai de fer, la fonte, le DRI et le fer briqueté à chaud (HBI). La ZES de Duqm accueille actuellement une installation de HBI et une installation de DRI (Trade Arabia, 2023[34] ; Hill, 2023[35]), tandis qu'une usine de concentré de fer, de pellets de minerai de fer et de fonte est prévue dans la ZES de Suhar (Steel Radar, 2024[36] ; Prabhu, 2022[37]).

Qatar

Qatar Steel, entreprise publique, concentre 96.9 % de la capacité nationale de production d'acier. *Qatar Steel* est indirectement détenue par *Qatar Energy*, principal producteur de gaz naturel du pays, et bénéficie ainsi d'un approvisionnement en énergie assuré en interne. *Qatar Steel* est implantée dans la zone industrielle de Mesaieed, administrée par l'Autorité de développement des zones économiques du Qatar (Manateq). Afin d'encourager l'implantation de nouvelles entreprises, cette dernière a déjà mis en place des réductions de loyers fonciers et a annoncé une diminution de 50 % des tarifs de location pour 2025.

Au Qatar, les projets industriels dans le secteur de l'automobile et d'autres secteurs manufacturiers de pointe peuvent bénéficier d'un soutien de l'État s'ils s'inscrivent dans le cadre de la Troisième stratégie nationale de développement du Qatar pour 2024-30. Les aides financières peuvent couvrir jusqu'à 40 % des dépenses d'investissement locales éligibles sur une période de cinq ans. Sont notamment concernés les investissements dans la construction, l'achat de machines et l'équipement des usines, ainsi que les loyers des installations et les frais juridiques (Qatar Invest, 2025[38]). Bien qu'elle ne soit pas directement liée à l'industrie sidérurgique, l'aide financière aux secteurs en aval peut être considérée comme une subvention indirecte, dans la mesure où elle accroît la demande intérieure d'acier.

Arabie Saoudite

Les industries saoudiennes bénéficient des initiatives déployées par l'État pour promouvoir la diversification de l'économie nationale dans le cadre de son plan Vision 2030. L'Arabie saoudite pourrait également devenir un acteur plus important des chaînes d'approvisionnement régionales de l'acier, dans la mesure où elle cherche à développer l'extraction de minerai de fer et la production de produits intermédiaires tels que le DRI.

La plupart des aciéries saoudiennes fabriquent des produits longs destinés au secteur de la construction, en exploitant soit la technologie IF, soit la technologie EAF, et en utilisant des mélanges de ferraille et de DRI. Des aciéries intégrées commencent également à voir le jour, souvent en partenariat avec des sociétés étrangères qui apportent leur savoir-faire et leurs technologies.

L'industrie sidérurgique saoudienne connaît une croissance rapide portée par des partenariats noués avec des acteurs étrangers. L'obligation faite aux sociétés étrangères de constituer des coentreprises avec un acteur national conduit souvent à des projets développés en partenariat avec des institutions liées à l'État, telles que la *Saudi Arabian Oil Company* (Aramco), le Fonds d'investissement public, le Centre national de développement Industriel ou encore la Commission royale pour Jubail et Yanbu.

La *Saudi Electricity Company* (SEC), qui détient le quasi-monopole de la distribution nationale d'électricité et est détenue à 81.2 % par l'État, applique des tarifs fixes de l'électricité pour les usagers industriels (Compagnie d'électricité saoudienne, 2025[39]). Les prix varient selon le type de raccordement : 48.6 USD le MWh pour les installations raccordées au réseau de distribution et 32.4 USD le MWh pour celles raccordées au réseau de transport (Compagnie d'électricité saoudienne, 2025[40]). Étant donné que les installations EAF, qui représentent 91.8 % de la capacité sidérurgique saoudienne, sont presque toujours raccordées au réseau de transport, elles bénéficient du tarif industriel réduit. Les prix de l'électricité ne sont pas soumis aux fluctuations du marché, car ils sont fixés de manière centralisée par la SEC, ce qui reflète à la fois le contrôle exercé par l'État et le caractère non libéralisé du système de tarification de l'électricité.

En 2021, le gouvernement a lancé le programme Shareek, qui vise à stimuler l'investissement privé dans les grandes entreprises nationales, notamment en simplifiant les procédures afin de faciliter l'accès au bénéfice des mesures incitatives. Pour bénéficier du programme, une entreprise doit s'engager à investir plus de 2.667 milliards USD sur les dix années à venir, être cotée en bourse et présenter des projets d'un montant minimal de 53.34 millions USD en dépenses d'investissement (Shareek, 2025[41]). Le programme est piloté par l'État et coordonné par dix ministères et onze organismes publics, qui déploient des dispositifs d'accompagnement sur mesure pour chaque entreprise participante et soutiennent le renforcement du contenu local dans la production. Depuis son lancement, au moins un projet sidérurgique d'envergure a bénéficié du programme.

Le Fonds saoudien de développement industriel (SIDF) octroie des prêts à conditions avantageuses aux industries du pays. Bien que l'acier ne soit pas explicitement mentionné parmi les activités ciblées par ces prêts, 70.38 millions USD ont été alloués en 2023 au secteur des véhicules tout-terrain de loisir (SUV) et des véhicules particuliers. Il s'agit donc plutôt d'une forme de soutien indirect à l'industrie sidérurgique, dans la mesure où ces prêts génèrent une demande intérieure d'acier émanant des activités en aval (Saudi Industrial Development Fund (SIDF), 2023[42]).

Émirats arabes unis

Les Émirats arabes unis entendent jouer un rôle pionnier dans la décarbonation de l'acier à l'échelle régionale en se développant dans l'hydrogène bas carbone. En 2021, le pays a dévoilé sa Feuille de route pour un leadership dans l'hydrogène, avec l'objectif de représenter 25 % de la production mondiale d'hydrogène bas carbone à l'horizon 2030. En 2023, une Stratégie nationale pour l'hydrogène a été adoptée par le gouvernement fédéral, qui souligne le potentiel de cette ressource pour l'industrie sidérurgique nationale. Le gouvernement salue *Emsteel* comme l'aciériste qui s'est le plus rapidement adapté au marché de l'acier vert à l'échelle mondiale, et le premier acier vert de la région MENA a été produit dans le cadre d'un projet pilote conjoint entre *Emsteel* et *Masdar*, entreprise émiratie spécialisée dans les énergies renouvelables (Ellis, 2024[43]). Détenu par l'État, le groupe domine le secteur sidérurgique national, avec des installations d'une capacité totale de 3.6 Mt d'acier brut, soit 74.3 % de la capacité nationale. Une autre entreprise, *Persian Gulf Steel Industries*, a annoncé en 2024 avoir atteint la neutralité carbone dans son usine de barres d'armature, entièrement fondée sur la technologie des fours à arc électrique (EAF) utilisant de la ferraille comme matière première (Durmus, 2024[44]).

Dans le cadre de sa stratégie visant à promouvoir la production d'hydrogène vert, le gouvernement d'Abou Dhabi a élaboré plusieurs mesures de soutien destinées à accélérer son développement. Un comité d'appui à l'hydrogène bas carbone a été mis en place afin de soutenir et de faciliter les investissements dans les projets en phase initiale. Ce dernier est autorisé à recourir à des instruments réglementaires, économiques et financiers pour atteindre ses objectifs. Le comité est composé de plusieurs organismes publics : le Département du développement économique d'Abou Dhabi, l'Office d'investissement d'Abou Dhabi, le Département des finances, l'Agence pour l'environnement d'Abou Dhabi, le Département des municipalités et des transports d'Abou Dhabi et le Département de l'énergie d'Abou Dhabi (Département de l'énergie d'Abou Dhabi, 2022[45]). En soutenant cette industrie en amont, ces politiques publiques aident les aciéristes à mieux intégrer l'acier vert dans leurs produits.

Tous les sites de production sidérurgique sont implantés dans des zones industrielles, qui offrent un cadre réglementaire attractif. Les entreprises qui y sont établies sont exonérées d'impôt sur les sociétés ainsi que de droits de douane (Ministère de l'économie, 2025[46]). Les industriels y bénéficient en outre de procédures administratives simplifiées et accélérées. Les zones industrielles concernées par la production d'acier sont la Cité industrielle d'Abou Dhabi, où se concentre 92 % de la capacité de production, ainsi que la Cité industrielle de Dubaï et la Zone industrielle n° 6 de Charjah.

Si les zones industrielles offrent de larges incitations réglementaires, le ministère des Finances a précisé que certaines entreprises stratégiques peuvent bénéficier d'exonérations fiscales supplémentaires. Par ailleurs, en vertu de la réglementation en vigueur, les entreprises publiques, dont Emsteel, sont automatiquement exonérées de l'impôt sur les sociétés (Administration fiscale fédérale, 2025[47]). Enfin, le gouvernement fédéral des Émirats arabes unis continue de subventionner l'énergie, le ministère de l'Énergie et des Infrastructures ayant provisionné 54.45 millions USD au titre des subventions dans le budget de l'État pour 2025 (Émirats arabes unis, 2025[48]).

Références

Administration fiscale fédérale (2025), *2025 ما هي شروط الإعفاء من ضريبة الشركات بدولة الإمارات*, [47]
https://uaereference.org/1425/%D8%B4%D8%B1%D9%88%D8%B7-%D8%A7%D9%84%D8%A5%D8%B9%D9%81%D8%A7%D8%A1-%D9%85%D9%86-%D8%B6%D8%B1%D9%8A%D8%A8%D8%A9-%D8%A7%D9%84%D8%B4%D8%B1%D9%83%D8%A7%D8%AA/#c_note-1 (consulté le 8 mai 2025).

Ahram Online (2023), « Egypt to build $1 bln steel complex at SCZone », *Ahram Online*, [23]
https://english.ahram.org.eg/NewsContentP/3/508329/Business/Egypt-to-build--bln-steel-complex-at-SCZone.aspx (consulté le 24 avril 2025).

Banque populaire de Chine (2026), *让转型金融易操作、高效率、更规范——**河北省**发布《河北省钢铁行业转型金融工作指引（**2025年版**）》*, [10]
https://shijiazhuang.pbc.gov.cn/shijiazhuang/131436/5686313/index.html (consulté le 11 février 2026).

BloombergNEF (2025), *Climatescope 2024: Algeria*, Bloomberg, https://www.global-climatescope.org/markets/algeria (consulté le 27 mai 2025). [18]

Brussee, V. (2026), « Conceptualizing the reverse great firewall: Cybersecurity and the logics of government geo-blocking in China », *Journal of Cybersecurity*, vol. 12/1, https://doi.org/10.1093/cybsec/tyag005. [7]

CCN (2025), ***山**东省人民政府办公厅印发《关于推进绿色转型健全碳足迹管理体系的行动方案》的通知 - **碳中和网***, https://www.ccn.ac.cn/carbon-market/cf/7847.html (consulté le 20 février 2026). [13]

Commission de régulation de l'électricité et du gaz (2025), *Tarification*, République Algérienne Démocratique et Populaire, https://creg.gov.dz/?page_id=6757 (consulté le 22 mai 2025). [17]

Compagnie d'électricité saoudienne (2025), *Consumption Tariffs*, [40]
https://www.se.com.sa/en/Ourservices/ColumnC/Bills-and-Consumption/ConsumptionTariffs (consulté le 19 mai 2025).

Compagnie d'électricité saoudienne (2025), *Who We Are*, https://www.se.com.sa/en/Whoweare (consulté le 19 mai 2025). [39]

Département de l'énergie d'Abou Dhabi (2022), *Abu Dhabi Public Policy on Low-Carbon Hydrogen*, https://doe.gov.ae/-/media/Project/DOE/Department-Of-Energy/Media-Center-Publications/Policy/Abu-Dhabi-Public-Policy-on-Low-Carbon-Hydrogen.pdf. [45]

Département de la science et de la technologie du Shandong (2025), ***山**东省科学技术厅 政**策**发布 **关于印**发《山东省现代冶金产业科技创新行动计划（**2026—2028年**）》**的通知***, [12]
http://kjt.shandong.gov.cn/art/2025/11/5/art_103585_10322027.html (consulté le 20 février 2026).

Départements de l'économie et des technologies de l'information du Zhejiang (2025), ***关于支持**钢铁行业发展的政策意见（修订）*, https://hqzc-oss.oss-cn-hangzhou-zwynet-d01-a.internet.cloud.zj.gov.cn//xzz/public/2025-06-09/1749432661378.pdf (consulté le 11 février 2026). [8]

Durmus, S. (2024), « Middle Eastern steelmakers pave the way for green steel: LME Week », *Fastmarkets*, https://www.fastmarkets.com/insights/middle-eastern-steelmakers-pave-the-way-for-green-steel-lme-week/ (consulté le 8 mai 2025). [44]

EIA (2024), *Libya*, US Energy Information Administration, [26]
https://www.eia.gov/international/analysis/country/LBY (consulté le 10 juin 2025).

Ellis, D. (2024), « Masdar and EMSTEEL produce first green steel in Middle East », *Gas World*, https://www.gasworld.com/story/masdar-and-emsteel-produce-first-green-steel-in-middle-east/2145910.article/ (consulté le 8 mai 2025). [43]

Émirats arabes unis (2025), *قانون اتحادي رقم (1) لسنة 2025 في شأن ربط الميزانية العامة للاتحاد وميزانية الجهات الاتحادية المستقلة عن السنة المالية 2025*, Émirats arabes unis, https://mof.gov.ae/wp-content/uploads/2025/04/%D9%82%D8%A7%D9%86%D9%88%D9%86-%D8%A7%D8%AA%D8%AD%D8%A7%D8%AF%D9%8A-%D8%B1%D9%82%D9%85-1-%D9%84%D8%B3%D9%86%D8%A9-2025-%D9%81%D9%8A-%D8%B4%D8%A3%D9%86-%D8%B1%D8%A8%D8%B7-%D8%A7%D9%84%D9%85%D9%8A%D8%B2%D8%A7%D9%86%D9%8A%D8%A9-%D8%A7%D9%84%D8%B9%D8%A7%D9%85%D8%A9-%D9%84%D9%84%D8%A7%D8%AA%D8%AD%D8%A7%D8%AF-%D8%B9%D9%86-%D8%A7%D9%84%D8%B3%D9%86%D8%A9-%D8%A7%D9%84%D9%85%D8%A7%D9%84%D9%8A%D8%A9-2025.pdf (consulté le 8 mai 2025). [48]

FMI (2026), *Regional Economic Outlook Update for the Middle East and Central Asia, April 2026: War in the Middle East: Economic Spillovers and Policy Challenges*, https://www.imf.org/en/publications/reo/meca/issues/2026/04/16/regional-economic-outlook-middle-east-central-asia-april-2026 (consulté le 17 avril 2026). [16]

Global Petrol Prices (2025), *Egypt electricity prices, September 2024*, https://www.globalpetrolprices.com/Egypt/electricity_prices/ (consulté le 24 avril 2025). [19]

Gouvernement chinois (2025), *《钢铁行业稳增长工作方案（2025—2026年）》解读_政策解读_中国政府网*, https://www.gov.cn/zhengce/202509/content_7041872.htm (consulté le 5 janvier 2026). [5]

Gouvernement du Guangxi (2026), « 广西壮族自治区人民政府办公厅关于印发《支持关键金属产业高质量发展若的通知 ». [15]

Gouvernement du Guangxi (2025), *自治区工业和信息化厅关于印发2025年二季度推动工业经济稳增长若干政策措施的通知 - 通知公告 - 广西壮族自治区工业和信息化厅网站*, http://gxt.gxzf.gov.cn/wzsy/tzgg_6719901/tzgg/t19959735.shtml (consulté le 11 février 2026). [9]

Hebei, I. (2026), *河北省人民政府办公厅关于印发河北省重点特色产业集群提档升级三年行动方案（2025—2027年）的通知*, https://gxt.hebei.gov.cn/hbgyhxht/zcfg30/snzc/2025051216353953133/index.html (consulté le 20 février 2026). [11]

Hill, C. (2023), « Oman government plans DRI project », *Steel Times International*, https://www.steeltimesint.com/news/oman-government-plans-dri-project (consulté le 2 mai 2025). [35]

Ibriz, L. (2023), « Soutenue par le FSI, Maghreb Steel développera quatre nouveaux types d'aciers Made in Morocco », *Le Desk*, https://mobile.ledesk.ma/encontinu/soutenue-par-le-fsi-maghreb-steel-developpera-quatre-nouveaux-types-daciers-made-in-morocco/ (consulté le 30 mai 2025). [30]

Libyan Centre for Strategic Studies (2025), *تسعيرة الكهرباء الجديدة في ليبيا*, https://lcss.gov.ly/articles/blog/post-133/ (consulté le 10 juin 2025). [27]

Mercier, F. et L. Giua (2023), « Subsidies to the steel industry : Insights from the OECD data collection », *OECD Science, Technology and Industry Policy Papers*, n° 147, Éditions OCDE, Paris, https://doi.org/10.1787/06e7c89b-en. [2]

Ministère de l'économie (2025), *Free Zones*, https://www.moec.gov.ae/en/free-zones (consulté le 19 mai 2025). [46]

Ministère de l’industrie (2025), *وزير الصناعة ووزير الاستثمار يبحثان مع رئيس غرفة القاهرة التجارية آليات النهوض بصناعة الحديد والصلب-الهيئة العامة للإستعلامات*, Service national de l’information, https://sis.gov.eg/Story/303000/%D9%88%D8%B2%D9%8A%D8%B1-%D8%A7%D9%84%D8%B5%D9%86%D8%A7%D8%B9%D8%A9-%D9%88%D9%88%D8%B2%D9%8A%D8%B1-%D8%A7%D9%84%D8%A7%D8%B3%D8%AA%D8%AB%D9%85%D8%A7%D8%B1-%D9%8A%D8%A8%D8%AD%D8%AB%D8%A7%D9%86-%D9%85%D8%B9-%D8%B1%D8%A6%D9%8A%D8%B3-%D8%BA%D8%B1%D9%81%D8%A9-%D8%A7%D9%84%D9%82%D8%A7%D9%87%D8%B1%D8%A9-%D8%A7%D9%84%D8%AA%D8%AC%D8%A7%D8%B1%D9%8A%D8%A9-%D8%A2%D9%84%D9%8A%D8%A7%D8%AA-%D8%A7%D9%84%D9%86%D9%87%D9%88%D8%B6-%D8%A8%D8%B5%D9%86%D8%A7%D8%B9%D8%A9-%D8%A7%D9%84%D8%AD%D8%AF%D9%8A%D8%AF-%D9%88%D8%A7%D9%84%D8%B5%D9%84%D8%A8?lang=ar (consulté le 24 avril 2025). [21]

Ministère des finances de la province du Shandong (2025), *山东省财政厅* ***其他文件 山*** *东省财政厅关于印发《进一步支持民营经济高质量发展若干财政政策》的通知*, http://czt.shandong.gov.cn/art/2025/6/11/art_10566_10326192.html (consulté le 20 février 2026). [14]

OCDE (2025), *Perspectives de l’acier de l’OCDE 2025 (version abrégée)*, Éditions OCDE, Paris, https://doi.org/10.1787/28b61a5e-en. [1]

OCDE (2025), *The Market Implications of Industrial Subsidies*, Éditions OCDE, Paris, https://doi.org/10.1787/e40b793f-en. [4]

OCDE (à paraître), *Subsidies and market share*, Éditions OCDE, Paris. [3]

Oman Observer (2023), « Oman and Vulcan green steel: Making history with the world’s largest green steel plant », *Oman Observer*, https://www.omanobserver.om/article/1142050/business/economy/oman-and-vulcan-green-steel-making-history-with-the-worlds-largest-green-steel-plant (consulté le 2 mai 2025). [33]

Prabhu, C. (2022), « Oman-Brazil JV’s investment in local supply chain development tops $1.2 billion - Oman Observer », *Oman Daily Observer*, https://www.omanobserver.om/article/1126110/business/economy/oman-brazil-jvs-investment-in-local-supply-chain-development-tops-12-billion (consulté le 2 mai 2025). [37]

Qatar Invest (2025), *الصناعات المتقدمة*, https://www.invest.qa/ar/incentives/advanced-industries?_gl=1*1sajsjj*_ga*MjA0MDg5MTA0Ny4xNzQ3ODE0MzMx*_ga_0J8N3CTTMC*czE3NDc4MTQzMjgkbzEkZzEkdDE3NDc4MTQzNjEkajAkbDAkaDAkZEw3eHpmcDN1M3UzZ05Cams2RXNaSWp3M2RPNnRDYkY4SFE. (consulté le 21 mai 2025). [38]

République arabe d’Égypte (2017), *Law No. 72 of 2017 Promulgating the Investment Law*, https://www.womenconnect.org/documents/87362/451958/New+Investment+Law+in+English.pdf/ee4b16b0-7017-3ad7-69ef-8b423bf61f11 (consulté le 24 avril 2025). [20]

Reuters (2026), *Egypt to slow down some state projects for two months amid Iran war, prime minister says | Reuters*, https://www.reuters.com/business/energy/egypt-slow-down-some-state-projects-two-months-amid-iran-war-prime-minister-says-2026-03-28/ (consulté le 17 avril 2026). [24]

Royaume du Maroc (2025), *Offre Maroc Hydrogène Vert*, Moroccan Agency for Sustainable Energy (MASEN), https://www.masen.ma/fr/hydrogene-vert-maroc (consulté le 6 juin 2025). [29]

Royaume du Maroc (2021), *Feuille de route hydrogène vert : vecteur de transition énergétique et de croissance durable*. [28]

Salaasil news (2025), « أيمن العشري: توطين صناعة الحديد والصلب يعزز الصادرات المصرية », *Salaasil News*, https://gscm2023.com/%D8%A3%D9%8A%D9%85%D9%86-%D8%A7%D9%84%D8%B9%D8%B4%D8%B1%D9%8A-%D8%AA%D9%88%D8%B7%D9%8A%D9%86-%D8%B5%D9%86%D8%A7%D8%B9%D8%A9-%D8%A7%D9%84%D8%AD%D8%AF%D9%8A%D8%AF-%D9%88%D8%A7%D9%84%D8%B5%D9%84%D8%A8/ (consulté le 24 avril 2025). [22]

Saudi Industrial Development Fund (SIDF) (2023), *التوزيع القطاعي للقروض المعتمدة*, Saudi Industrial Development Fund (SIDF), https://www.sidf.gov.sa/ar/IReports/Reports2023/Pages/LendingSectorialDistribution.aspx (consulté le 25 avril 2025). [42]

Shareek (2025), *التقديم على برنامج شريك*, Shareek, https://shareek.gov.sa/Portal/Register/CompanyInfo (consulté le 25 avril 2025). [41]

Sohar Port and Freezone (2025), *SOHAR Port and Freezone*, https://soharportandfreezone.om/en/rules/One-Stop-Shop (consulté le 29 avril 2025). [32]

Steel Radar (2024), « Vale and Jinnan Iron & Steel Group invest $600 million in Oman's first iron ore concentration plant », https://www.steelradar.com/en/vale-and-jinnan-iron-steel-group-invest-600-million-in-omans-first-iron-ore-concentration-plant/ (consulté le 2 mai 2025). [36]

Sultanat d'Oman (2022), *قانون المناطق الحرة (معدل)*, https://qanoon.om/p/2002/l2002056/ (consulté le 29 avril 2025). [31]

Trade Arabia (2023), « Brazilian group Vale to set up 'green steel' plant in Oman », *Zawya*, https://www.zawya.com/en/business/energy/brazilian-group-vale-to-set-up-green-steel-plant-in-oman-c9ymjg8k (consulté le 2 mai 2025). [34]

Wu, L. (2019), *中国产能过剩的成因分析-中国社会科学院工业经济研究所*, http://gjs.cssn.cn/kydt/kydt_kycg/201905/t20190513_4885534.shtml (consulté le 11 février 2026). [6]

Yermolenko, H. (2024), *Turkey's Tosyalı to build the world's largest DRI production complex in Libya*, GMK Center, https://gmk.center/en/news/turkeys-tosyali-to-build-the-worlds-largest-dri-production-complex-in-libya/ (consulté le 10 juin 2025). [25]

5 Les mesures commerciales se multiplient à mesure que la crise de l'acier s'aggrave

Les droits antidumping et compensateurs continuent d'être largement utilisés pour lutter contre le dumping d'acier subventionné et vendu à des prix déloyaux sur les marchés mondiaux. Un nombre croissant de pays ont également mis en place, ou s'apprêtent à instaurer, des mesures plus larges pour protéger plus efficacement leurs industries sidérurgiques contre les flots d'importations provenant, notamment, de pays affichant des excédents de capacité. Malgré ces initiatives, la Chine et d'autres pays en situation de surcapacité continuent d'inonder les marchés d'acier excédentaire, souvent en redirigeant leurs expéditions vers des marchés moins protégés et en trouvant de nouveaux moyens de contourner les mesures commerciales. Parallèlement, les restrictions à l'exportation de certaines matières premières sidérurgiques indispensables se multiplient, ce qui accentue la pression sur les aciéristes à l'échelle mondiale.

Enquêtes récentes en matière de mesures commerciales correctives sur les produits sidérurgiques

Les droits antidumping et compensateurs (AD/CVD) continuent d'être largement utilisés pour lutter contre le dumping d'acier subventionné et vendu à des prix déloyaux sur les marchés mondiaux. Outre ces mesures, de plus en plus de pays ont mis en place, ou s'apprêtent à instaurer, des mesures commerciales d'ampleur pour répondre aux inquiétudes croissantes que suscitent les flots d'importations d'acier provenant , notamment, de pays affichant des excédents de capacité.

Si la croissance du nombre d'enquêtes sur les mesures AD/CVD s'est légèrement modérée en 2025, leur total est resté relativement élevé : 75 enquêtes, contre 90 en 2024. La Chine est demeurée la cible principale de ces enquêtes, totalisant 27 d'entre elles, bien plus que tout autre pays. Dix-huit pays ont engagé des procédures, en tête desquels le Canada (20) et le Brésil (9). Le Japon a également rejoint le groupe des plaignants en ouvrant des enquêtes à l'encontre de la Chine, du Taipei chinois et de la Corée. Au total, 27 pays ont été visés par ces procédures pour pratiques commerciales déloyales.

Toutes les enquêtes menées en 2025, sauf une, ont abouti à des déterminations préliminaires positives. Les pays se sont montrés plus efficaces dans l'instruction des dossiers, le délai moyen nécessaire pour rendre les déterminations préliminaires étant passé de 200 jours ces dernières années à 144 jours en 2025. Les enquêtes en matière de droits compensateurs étaient souvent lancées parallèlement aux procédures concernant les droits antidumping. Au cours de l'année, les États-Unis ont aussi ouvert des enquêtes conjointes en matière de droits AD et de CVD pour les barres d'armature en provenance d'Algérie, d'Égypte et du Viet Nam.

L'impact global des procédures pour commerce déloyal sur les marchés doit toutefois s'apprécier sur plusieurs années, car les mesures prises les années précédentes continuent d'influer sur les échanges jusqu'à l'expiration des droits de douane. Il convient de souligner que depuis quelques années, les pays sont de plus en plus nombreux à déposer de nouvelles plaintes contre un nombre croissant de partenaires commerciaux et pour des produits de plus en plus variés. Le nombre de mesures AD/CVD en vigueur, si l'on comptabilise les procédures ouvertes depuis 2016, a atteint un niveau record de 395 en 2025, contre 321 en 2024. Actuellement, 113 mesures commerciales visent la Chine, 41 la Corée et 33 le Viet Nam (Graphique 5.1). Les États-Unis arrivent en tête avec 77 mesures en vigueur, suivis du Canada (64), de l'Australie (46) et de l'Union européenne (32). Ensemble, ces quatre juridictions concentrent environ la moitié des mesures commerciales AD/CVD au niveau mondial.

Autres mesures affectant le commerce de l'acier

Si les mesures AD/CVD décrites ci-dessus sont particulièrement adaptées pour traiter les problèmes liés à des produits spécifiques en provenance de pays déterminés, elles se sont avérées insuffisantes pour remédier aux difficultés de plus grande envergure attribuables à la surcapacité mondiale qui frappe l'ensemble des produits sidérurgiques. Les pays sont donc de plus en plus nombreux à avoir instauré des mesures de portée générale visant à traiter de manière plus efficace et rationnelle l'ampleur et l'impact de la surcapacité mondiale croissante sur les marchés de l'acier (voir le Tableau 5.1 pour quelques exemples). Toutefois, dans bien des cas, ces mesures touchent également des importations en provenance de pays qui ne sont pas à l'origine de ces excédents de capacité, perturbant ainsi les chaînes de valeur régionales. Ces mesures ont été prises compte tenu de l'importance de cette industrie pour les économies et pour la sécurité nationale, notamment la sécurité économique. Les mesures les plus récentes présentent certaines caractéristiques, notamment :

- la reconnaissance de la menace que la surcapacité mondiale de l'industrie sidérurgique fait peser sur la viabilité de leurs industries nationales de l'acier et, parallèlement, de l'importance de ce secteur pour la sécurité économique et la défense nationales ;
- l'application de droits de douane compensatoires mondiaux pouvant atteindre 50 % sur de nombreux produits sidérurgiques ;
- une durée d'application indéterminée pour ces mesures ;
- la mise en œuvre ou l'examen de mesures visant à décourager ou à empêcher les détournements en exigeant que l'acier importé soit accompagné d'informations sur l'origine de la fonte brute utilisée pour fabriquer les produits importés, quel que soit le lieu où la transformation finale a été effectuée ;
- l'inclusion des produits en aval dans les droits de douane, afin de décourager les tentatives des producteurs et négociants d'acier étrangers qui cherchent à contourner les mesures en se réorientant vers des produits plus élaborés.

Graphique 5.1. Nombre de mesures en vigueur en matière de droits antidumping et compensateurs, par pays imposant et pays défendeur, 2025

Nombre de mesures engagées, en cours d'enquête ou en vigueur, décembre 2025

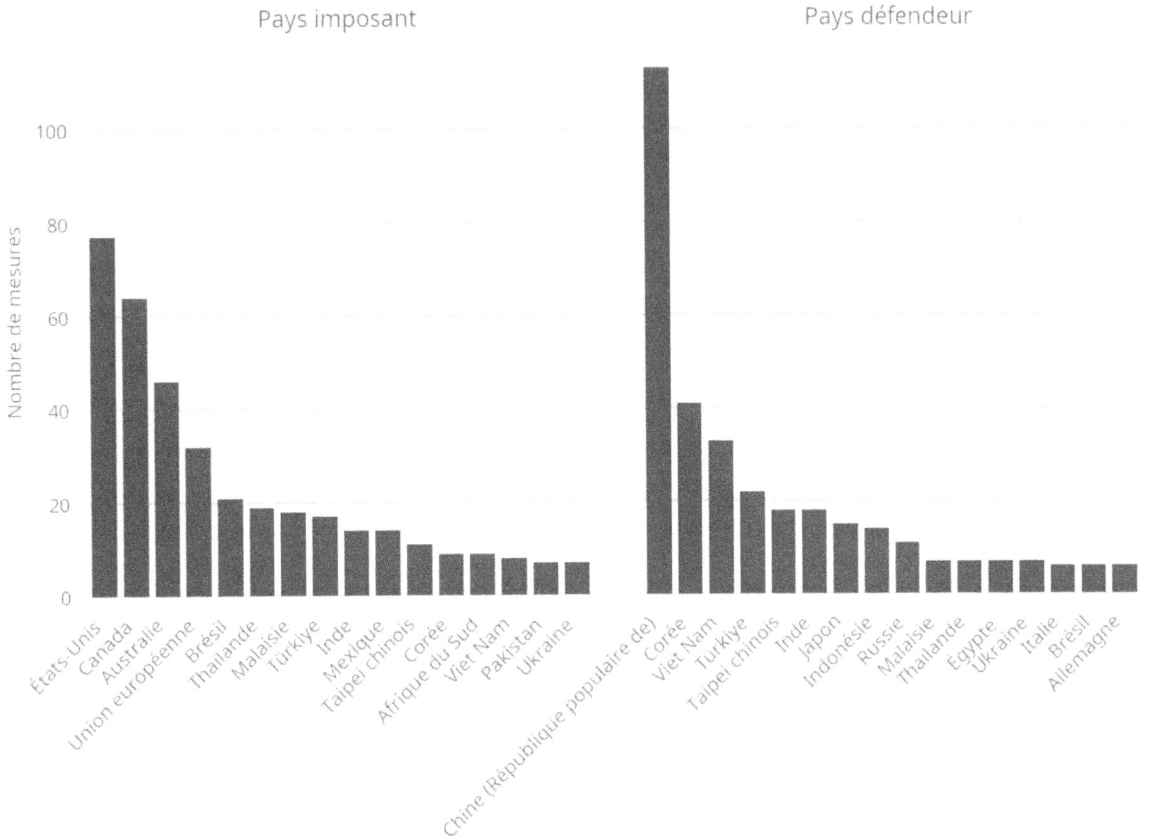

Note : Les enquêtes visant plusieurs pays sont comptabilisées séparément dans le graphique ci-dessus. Les enquêtes en cours sont définies comme celles ayant été ouvertes mais pour lesquelles aucune date provisoire n'a été fixée en mars 2026, et qui n'ont pas abouti à une conclusion négative. Les mesures en vigueur sont celles pour lesquelles une date d'application provisoire, définitive ou de prorogation a été établie. Seules les enquêtes et les mesures ayant débuté en 2016 ou après sont prises en compte. Seuls les pays totalisant au moins cinq enquêtes sont représentés sur le graphique. Les données relatives à l'Australie ont été complétées par des dossiers de la Commission australienne antidumping.
Source : OCDE, d'après les données sur les mesures commerciales correctives de la Fédération japonaise du fer et de l'acier et de la Commission australienne antidumping.

Tableau 5.1. Mesures commerciales, y compris celles prises pour remédier à la surcapacité mondiale sur les marchés de l'acier, en 2025 et début 2026 : évolutions dans une sélection d'économies

	Brève description des mesures
Brésil	Le contingent tarifaire (CT) introduit en juin 2024 a été prorogé d'un an en mai 2025, et certains produits ont été ultérieurement intégrés au champ d'application. En février 2026, les droits de douane ont été portés à 25 % (sans CT) sur certaines tôles, certains fils et certains produits tréfilés.
Canada	En juin 2025, le Canada a mis en place des contingents tarifaires sur les importations d'acier afin de contribuer à stabiliser le marché canadien et d'empêcher les détournements préjudiciables d'acier étranger provenant de pays tiers vers le Canada, tout en minimisant les répercussions sur les importateurs et les utilisateurs en aval canadiens. La mesure couvre une large gamme de produits sidérurgiques semi-finis, plats, longs et tubulaires, mais exclut les produits pour voies ferrées ainsi que d'autres produits spécialisés. Les importations dépassant les niveaux de contingent, initialement fixés à 100 % des niveaux de 2024 pour les pays n'ayant pas conclu d'accord de libre-échange avec le Canada, sont soumises à une surtaxe de 50 %. Au cours des mois qui ont suivi, le niveau des contingents a été ramené à 50 % des niveaux de 2024, puis à 20 % en décembre. En août, les contingents tarifaires ont été étendus aux pays signataires d'un accord de libre-échange (ALE) (à l'exception du Mexique et des États-Unis), sur la base de 100 % de leurs niveaux d'importation de 2024. En décembre, le contingent tarifaire pour les pays signataires d'un ALE a été ramené à 75 %. Dans le même temps, les mesures sur l'acier ont été étendues aux constructions préfabriquées, fils, câbles, chaînes et fixations ; ces produits dérivés (en aval) sont désormais soumis, sauf exception, à un droit de douane de 25 %. Toujours en 2025, le Canada a imposé une surtaxe de 25 % sur les importations d'acier contenant de l'acier fondu et coulé en Chine. Cette surtaxe a été appliquée au regard du large éventail de mesures et pratiques non fondées sur le marché omniprésentes en Chine, et de la propagation des distorsions commerciales qui en résulte dans les chaînes d'approvisionnement mondiales, en vertu de la réglementation douanière du pays. Lorsqu'un article importé est soumis à cette surtaxe et au contingent tarifaire mentionné ci-dessus, seul ce dernier est actuellement appliqué.
Chine (République populaire de)	En décembre 2025, le ministère chinois du Commerce, en collaboration avec l'Administration générale des douanes de la République populaire de Chine, a annoncé l'ajout des produits sidérurgiques à la liste des produits soumis à des licences d'exportation, avec effet au 1er janvier 2026. Les permis d'exportation obligatoires couvrent tous les produits sidérurgiques.
Union européenne	La mesure de sauvegarde introduite en 2018, sous la forme d'un contingent tarifaire, a été renforcée en 2025, notamment par : 1) la réduction à 0.1 % par an de la clause de libéralisation du contingent, qui était initialement de 1 % par an ; 2) l'interdiction pour les pays d'utiliser l'intégralité des volumes de contingents non utilisés par d'autres pays ; et 3) la suppression, pour les catégories de produits soumises à une forte pression des importations et caractérisées par une faible consommation, d'un mécanisme de report qui permettait aux pays de reporter les contingents non utilisés sur le trimestre suivant. En mars 2026, l'Union européenne a mis en place une mesure de sauvegarde concernant certains produits laminés plats à grains orientés en acier au silicium à usage électrique. Le Plan d'action pour l'acier et les métaux annoncé en mars 2025 comprenait des mesures visant à promouvoir et à protéger l'industrie au-delà de 2026, compte tenu des pressions persistantes attendues de la surcapacité mondiale sur les marchés de l'acier. En avril 2026, un accord stratégique a été conclu, portant sur une nouvelle mesure destinée à remplacer la mesure de sauvegarde de l'UE, qui expirera le 30 juin 2026. Cette nouvelle mesure s'appuiera sur un système de contingent tarifaire révisé, assorti d'un examen semestriel, et les importations dépassant le contingent seront soumises à un droit de douane ad valorem de 50 %. La mesure comprend également une disposition exigeant que les produits sidérurgiques importés mentionnent le pays où l'acier a été initialement fondu et coulé, afin d'accroître la transparence de la chaîne d'approvisionnement. Le 1er janvier 2026, le mécanisme d'ajustement carbone aux frontières (MACF) de l'Union européenne est entré dans sa phase définitive, après une période de transition allant de 2023 à 2025. Le MACF est conçu à la fois pour garantir un prix équitable pour le carbone émis lors de la production de biens à forte intensité de carbone importés dans l'Union européenne et pour encourager une production industrielle plus propre dans les pays non membres de l'UE.
Inde	En 2025, le système de surveillance des importations d'acier a été renforcé, obligeant les importateurs à démontrer le respect des obligations fiscales liées aux normes indiennes applicables et aux spécifications du Bureau indien de normalisation (BIS) comme condition d'entrée, sauf exemption. Ces exigences s'appliquent à tous les produits sidérurgiques relevant des chapitres 72 et 73 du Système harmonisé (SH) pour lesquels il existe des arrêtés de contrôle de la qualité du BIS. Toujours en 2025, l'État a renforcé sa politique accordant un traitement préférentiel aux produits sidérurgiques de fabrication nationale dans le cadre de la passation des marchés publics, et une mesure de sauvegarde a été mise en œuvre concernant certains produits laminés plats ; en vertu de cette mesure, un droit de douane supplémentaire initial de 12 % est appliqué aux importations dont la valeur CAF (coût, assurance, fret) est inférieure à un seuil fixé.
Mexique	Fin 2025, le Mexique a augmenté les droits de douane appliqués aux pays non signataires d'un ALE sur une gamme plus large de produits, dont de nouveaux produits sidérurgiques. En ce qui concerne l'acier, le code SH 7207 (demi-produits en brames ou en billettes) était le seul code à quatre chiffres exclu de ces mesures. Les droits de douane sont entrés en vigueur le 1er janvier 2026, sans durée déterminée. Les produits sidérurgiques visés sont désormais généralement soumis à un droit de douane de 35 %.

	Brève description des mesures
Royaume-Uni	En juillet 2025, les dispositions de sauvegarde ont été renforcées. En mars 2026, le gouvernement britannique a publié un document exposant sa stratégie pour le secteur dans les mois et les années à venir. Sur le plan commercial, cette stratégie vise à se prémunir contre la surcapacité mondiale dans le secteur de l'acier à partir du 30 juin 2026, date d'expiration de la mesure de sauvegarde actuelle. Ce plan introduira une nouvelle série de contingents tarifaires avec des taux inférieurs de 60 % à ceux fixés par la mesure de sauvegarde actuelle, et portera le droit de douane hors contingent à 50 %. Le pays a l'intention d'engager une procédure au titre de l'article XXVIII de l'Accord général sur les tarifs douaniers et le commerce de 1994, afin de porter ses taux consolidés à 50 % au lieu du niveau actuel de franchise de droits. De plus, le périmètre de la nouvelle mesure sera élargi pour inclure d'autres produits sidérurgiques fabriqués au Royaume-Uni, mais qui ne sont pas actuellement couverts par la mesure de sauvegarde sur l'acier. La nouvelle mesure s'appliquera à tous les pays, y compris ceux qui ont conclu des accords de libre-échange avec le Royaume-Uni. En outre, on explorera la possibilité d'introduire des exigences visant à identifier le lieu où l'acier utilisé dans les importations a été fondu et coulé.
États-Unis	Les mesures prévues à l'article 232 de la loi de 1962 sur l'expansion des échanges ont été modifiées en 2025. Les principales mesures prises au début de l'année 2025 comprenaient : 1) la suppression des exemptions et du traitement spécial accordés à un certain nombre de pays afin que tous les partenaires commerciaux soient soumis au régime de l'article 232 sur l'acier ; 2) la suppression des exclusions générales approuvées (GAE), qui constituaient un ensemble d'exclusions spécifiques à certains produits préalablement approuvées, et l'arrêt des demandes d'exclusion de nouveaux produits ; 3) l'exemption de droit de douane pour les produits dérivés lorsqu'ils sont fabriqués à l'étranger exclusivement à partir d'acier fondu et coulé aux États-Unis ; et 4) l'extension de la liste des produits sidérurgiques soumis aux droits de douane stipulés à l'article 232. En juin 2025, le droit de douane a été porté à 50 % ad valorem, sauf pour le Royaume-Uni, qui est resté soumis au taux de 25 % en vertu de l'Accord de prospérité économique entre les États-Unis et le Royaume-Uni. En avril 2026, le régime de droits de douane a été à nouveau modifié. Les principaux changements introduits dans la Proclamation présidentielle sont les suivants : 1) les articles composés entièrement ou presque entièrement d'acier acquitteront un droit de douane de 50 % sur leur valeur totale ; 2) les articles dérivés composés en grande partie d'acier seront soumis à un droit de douane de 25 % sur leur valeur totale ; 3) certains équipements industriels à forte intensité de métal et les équipements de réseau électrique acquitteront un droit de douane de 15 % jusqu'à la fin de l'année 2027, afin d'accélérer le déploiement de la base industrielle actuellement en cours aux États-Unis ; 4) les produits fabriqués à l'étranger entièrement composés d'acier américain acquitteront un droit de douane de 10 % ; et 5) les produits composés à 15 % ou moins d'acier ne seront plus soumis aux droits de douane imposés au titre de l'article 232. La proclamation renforce également les pouvoirs de mise en œuvre effective de l'Agence des douanes et de la protection des frontières, en accordant une attention particulière au transbordement illégal, à la sous-évaluation et aux autres problèmes d'évasion tarifaire.

Source : Secrétariat du Comité de l'acier de l'OCDE.

Détournement des échanges et contournement des mesures commerciales

Si les mesures AD/CVD introduites limitent les importations de l'acier visé, elles peuvent également conduire à un détournement de cet acier vers d'autres marchés (OCDE, à paraître[1]), lesquels subissent alors les effets des produits subventionnés et/ou faisant l'objet d'un dumping. Les pays moins stricts dans la mise en œuvre des règles commerciales ou dont les systèmes de mesures commerciales correctives sont moins développés sont souvent touchés.

Dans de nombreux cas, les producteurs et les négociants d'acier tentent de contourner les mesures commerciales auxquelles ils sont soumis. Leur recours à ces pratiques témoigne de la facilité avec laquelle les producteurs peuvent modifier leurs produits et/ou gérer leurs échanges, par exemple en modifiant la composition chimique, la forme, l'épaisseur, la finition et d'autres caractéristiques d'un produit sidérurgique de manière à le faire sortir du champ d'application d'une mesure commerciale, ou simplement en réorientant les expéditions vers des produits en amont ou en aval. Ce phénomène revêt une importance particulière dans le cadre des procédures en matière de droits AD et de CVD, car ces affaires portent sur des produits aux définitions très étroites, pour lesquels la largeur, l'épaisseur, la composition chimique et la finition constituent des paramètres clés de classification. De plus, les affaires AD/CVD sont propres à chaque pays ; le fait d'expédier des produits visés par une ordonnance AD/CVD vers des pays intermédiaires non soumis à cette ordonnance pour y subir une transformation limitée pourrait modifier la désignation du pays d'origine du produit. Le produit transformé échapperait alors au champ d'application des droits AD ou des CVD dans le pays d'importation final.

De nombreux pays disposent toutefois d'instruments pour lutter contre les contournements, ou sont en train d'en mettre en place. Ces outils comprennent : 1) l'extension des mesures AD/CVD aux produits ayant subi de légères modifications ou utilisés comme composants dans la fabrication d'autres biens ; 2) l'extension aux produits ayant été transformés dans un pays tiers ; et 3) la possibilité d'étendre les mesures à l'ensemble des producteurs d'un pays. Dans le cas des États-Unis, de l'Union européenne, de l'Australie et du Canada (entre autres), des enquêtes formelles sont requises pour déterminer si le périmètre des mesures peut être élargi.

Les efforts décrits précédemment, consentis par les pays pour imposer des exigences de déclaration de l'acier « fusion et coulé » afin d'accroître la transparence de la chaîne d'approvisionnement, pourraient également avoir des répercussions sur la lutte contre le contournement, car ces informations obligatoires suivraient l'acier tout au long de son parcours, depuis la poche de coulée jusqu'à sa destination finale, sapant ainsi les tentatives des producteurs et des négociants pour masquer son origine par le biais de transbordements dans des pays tiers.

Soulignons que des possibilités de contournement peuvent également apparaître lorsque des pays membres d'un accord de libre-échange (ALE) ou bénéficiant d'exemptions accordées aux pays en développement transforment l'acier soumis à des mesures de sauvegarde en produits qui sont eux-mêmes exemptés au titre de l'ALE et/ou des dérogations relatives aux pays en développement.

En 2025, l'OCDE a lancé un axe de travail visant à évaluer l'ampleur et la portée des efforts déployés par les aciéristes et les négociants pour contourner les mesures AD/CVD applicables à l'acier (OCDE, à paraître[2]). Une attention particulière est accordée à l'évolution de la situation en Asie du Sud-Est, qui constitue une zone majeure de production, d'importation et d'exportation d'acier. Il est prouvé que les producteurs et les négociants en Chine, pays le plus souvent visés par des procédures AD/CVD, ont réagi à l'imposition de droits AD et de CVD à titre punitif en adaptant leurs stratégies commerciales. Ils cherchent à éviter les mesures commerciales correctives AD/CVD en augmentant leurs exportations d'acier vers les pays de l'Association des nations de l'Asie du Sud-Est (ASEAN) qui ne sont pas soumis à de telles mesures, où l'acier est ensuite transformé ou modifié d'une autre manière. Dans de nombreux cas, le produit transformé est alors considéré comme un produit originaire du pays de l'ASEAN ; cela lui permet d'être exporté librement vers le pays où les mesures commerciales correctives sont en vigueur sans qu'un droit de douane punitif ne soit imposé, ce qui, dans les faits, revient à contourner ces mesures.

Parallèlement, la forte augmentation des exportations chinoises vers la région de l'ASEAN au cours des cinq dernières années, souvent à bas prix, a amené les pays d'Asie du Sud-Est à prendre un nombre croissant de mesures commerciales. Certains d'entre eux ont notamment mis en place des outils pour lutter contre les contournements. De 2020 à 2024, le groupe des pays de l'ASEAN a ouvert 35 enquêtes AD, dont 10 à l'encontre de la Chine.

Les travaux préliminaires examinent la manière dont les contournements sont traités en Asie du Sud-Est (OCDE, à paraître[2]). Ils se sont notamment intéressés à la situation de l'industrie sidérurgique en Thaïlande et au Viet Nam, ainsi qu'aux mesures prises par ces deux pays pour lutter contre les contournements. La Thaïlande a jusqu'à présent ouvert six procédures anti-contournement, toutes liées à des produits sidérurgiques ; le Viet Nam compte une procédure de ce type en cours concernant l'acier. La Chine était la partie visée dans les sept affaires.

L'analyse de l'OCDE examine également comment les flux commerciaux ont évolué à la suite de l'ouverture d'enquêtes en matière de droits AD/CVD sur l'acier dans les pays Membres de l'OCDE, en vue d'identifier des courants d'échanges susceptibles d'être liés à des pratiques de contournement. Ces travaux initiaux étudient comment les flux commerciaux d'acier au sein de l'ASEAN ont été réorientés suite à l'ouverture d'une procédure AD/CVD par un pays Membre de l'OCDE à l'encontre de la Chine. L'analyse révèle que les produits soumis à des mesures commerciales correctives de l'OCDE ont pu continuer à atteindre les marchés de l'OCDE de manière indirecte via des intermédiaires non Membres de l'OCDE, tels que les pays de l'ASEAN.

Le rapport constate également qu'à la suite de la mise en œuvre de mesures commerciales à l'encontre de la Chine, les exportations chinoises d'acier semi-fini vers les pays de l'ASEAN ont augmenté ; parallèlement, les exportations d'acier fini de l'ASEAN vers la zone OCDE se sont accrues, ce qui semble indiquer que les mesures AD/CVD ont pu être contournées par la transformation de l'acier semi-fini en produits qui auraient autrement été soumis à des droits AD/CVD s'ils avaient été exportés directement de Chine.

Restrictions à l'exportation des matières premières utilisées dans la sidérurgie

Ces dernières années, le commerce de certaines matières premières critiques utilisées dans la sidérurgie a fait l'objet d'un nombre croissant de mesures visant à restreindre les exportations. Les minerais et les minéraux, notamment le nickel et le chrome, ont vu les restrictions augmenter à une vitesse record ; celles-ci sont souvent destinées à promouvoir la transformation locale, mais aussi à soutenir les aciéristes dans les pays qui les appliquent en augmentant l'offre et en baissant le prix de ces matières sur le marché intérieur (OCDE, 2025[3]). De telles restrictions commerciales risquent non seulement de perturber les chaînes de valeur mondiales de l'acier, mais ont également des répercussions en chaîne sur les industries en aval qui fabriquent des produits à base d'acier, avec des conséquences potentiellement lourdes pour l'activité économique au sens large. Compte tenu de l'utilisation généralisée de l'acier dans des secteurs clés, les perturbations dans la disponibilité des matières premières peuvent entraîner des goulots d'étranglement dans la production, une augmentation des coûts et des risques pour la sécurité économique, tant pour les économies industrialisées que pour les économies en développement.

La ferraille fait face à des restrictions croissantes à l'exportation

La ferraille est une matière première essentielle pour l'industrie sidérurgique car elle alimente une production rentable et économe en énergie tout en favorisant l'utilisation circulaire des ressources. Elle constitue un intrant indispensable à la fabrication de l'acier selon le mode de production du four à arc électrique (EAF), et elle est également utilisée dans les convertisseurs à oxygène (BOF), mais dans une bien moindre mesure. S'il s'agit d'un matériau rentable et pratique qui garantit la circularité de la production, il est également important pour la production d'acier à faibles émissions. À ce titre, la ferraille est de plus en plus considérée comme un matériau stratégique par les pays.

Les zones à forte consommation d'acier, telles que l'Amérique du Nord, l'Europe, l'Asie de l'Est et la Chine, disposent de réserves de ferraille relativement abondantes, tandis que les marchés émergents peuvent être confrontés à des pénuries chroniques. Cette hétérogénéité géographique peut alimenter des tensions commerciales, en particulier si les principaux fournisseurs imposent des restrictions à l'exportation pour préserver leurs approvisionnements intérieurs.

Au cours des dernières années, on a observé une augmentation des restrictions à l'exportation de ferraille, ce qui témoigne de l'importance croissante de la ferraille pour certaines économies en tant qu'intrant pour leurs activités sidérurgiques. Selon l'inventaire de l'OCDE des restrictions à l'exportation de matières premières industrielles, en 2023, 42 économies appliquaient une forme de restriction sur la ferraille (OCDE, 2025[3]). Parmi celles-ci figurent plusieurs grandes économies productrices d'acier, telles que la Chine, l'Égypte, l'Indonésie et l'Inde, ainsi qu'une grande variété de marchés plus modestes. Cependant, lorsque l'on compare ces mesures aux volumes d'exportation au niveau à 6 chiffres du Système harmonisé (SH), seulement 15.2 % environ des échanges mondiaux de ferraille ont réellement été soumis à des restrictions. Parmi les principaux exportateurs mondiaux, seule l'Inde maintient actuellement une mesure en vigueur (India Code, 2023[4]), ce qui indique que si les restrictions sont nombreuses, elles ne couvrent encore qu'une part assez limitée des flux mondiaux du commerce de ferraille (voir Tableau 5.2).

Tableau 5.2. Restrictions en vigueur à l'exportation de ferraille (principaux exportateurs) dans certaines économies, 2025

	Exportations de ferraille (Mt)	Part des exportations mondiales (%)	Nombre de restrictions à l'exportation actuellement en vigueur
Union européenne	22.9	17.2	0
États-Unis	21.4	16.0	0
Türkiye	19.0	14.3	0
Inde	11.8	8.8	1
Royaume-Uni	7.5	5.7	0
Japon	7.0	5.2	0
Canada	5.6	4.2	0
Viet Nam	5.2	3.9	1
Corée	4.2	3.1	0
Mexique	3.7	2.8	0
Taipei chinois	3.5	2.6	0
Pakistan	2.5	1.9	0
Australie	2.2	1.6	0
Thaïlande	1.9	1.4	0
Suisse	1.1	0.9	0
Indonésie	1.1	0.9	2
Brésil	1.1	0.8	0
Hong Kong (Chine)	1.1	0.8	0
Russie	1.1	0.8	1
Maroc	1.0	0.8	1
Chine (République populaire de)	0	0	1

Note : Les données relatives au commerce de la ferraille proviennent du Bureau des statistiques sur le fer et l'acier (ISSB) et couvrent les codes du Système harmonisé (SH) à 6 chiffres suivants : 720410, 720421, 720429, 720430, 720441, 720449, 720450. Les données relatives aux restrictions à l'exportation proviennent de la base de données de l'OCDE sur les restrictions à l'exportation de matières premières critiques et sont complétées par des recherches documentaires menées par le Secrétariat de l'acier. Les données de l'UE n'incluent pas les échanges intracommunautaires.
Source : OCDE (2025[3]).

Bien que les restrictions à l'exportation de ferraille ne touchent qu'une faible part du commerce mondial, leur nombre croissant est une source de préoccupation. La multiplication de ces mesures, en particulier dans les économies en développement, indique que la ferraille fait l'objet d'une concurrence croissante ; cela pourrait réduire sa disponibilité à moyen terme pour les pays producteurs d'acier qui dépendent de ces importations.

Les restrictions sur le chrome suscitent des inquiétudes pour les chaînes d'approvisionnement en acier inoxydable

Le chrome est une matière première essentielle dans l'industrie sidérurgique, en particulier pour la production d'aciers inoxydables et d'aciers alliés, dont il constitue un composant incontournable. Il améliore la résistance à la corrosion, augmente la dureté et permet à l'acier de résister à des températures élevées.

La chaîne de valeur du chrome commence par le minerai de chrome, qui subit un enrichissement pour augmenter sa teneur. Le minerai est ensuite fondu pour obtenir du ferrochrome, la principale forme sous laquelle le chrome est introduit dans la fabrication de l'acier. Environ 90 % à 95 % du minerai de chrome extrait est transformé en ferrochrome, et le secteur de l'acier inoxydable représente 80 % à 90 % de l'utilisation mondiale de ferrochrome (du Preez et al., 2023[5]). Les ressources mondiales de chromite sont géographiquement concentrées au Zimbabwe, au Kazakhstan et en Afrique du Sud, qui détiennent ensemble environ 90 % des ressources mondiales. La Chine a dépassé l'Afrique du Sud en tant que premier producteur mondial de ferrochrome en 2012 et, dès 2014, elle s'est imposée comme le leader mondial (IADC, 2025[6]). Cette évolution a été favorisée non seulement par la croissance rapide des capacités de fusion nationales, mais aussi par des investissements soutenus à l'étranger avec, notamment, l'acquisition par les entreprises chinoises – souvent soutenues par l'État et opérant dans le cadre de l'Initiative des nouvelles routes de la soie – d'actifs de chromite et de ferro-alliages au Zimbabwe et en Afrique du Sud afin de garantir leur accès à long terme aux matières premières.

La forte concentration des ressources de chromite dans un petit nombre de pays, combinée au rôle dominant de la Chine dans la production de ferrochrome à partir de minerais importés, suscite des inquiétudes quant aux dépendances en matière d'approvisionnement. Les contraintes récurrentes associées à l'alimentation électrique et aux infrastructures en Afrique du Sud, ainsi que les mesures appliquées au Zimbabwe, telles que les restrictions à l'exportation et les exigences d'enrichissement, augmentent encore l'exposition des chaînes d'approvisionnement mondiales en acier inoxydable aux risques du marché et de la réglementation.

Les récentes évolutions commerciales et politiques concernant le chrome soulèvent des préoccupations stratégiques pour les chaînes d'approvisionnement en acier inoxydable. Selon les données de l'OCDE (OCDE, 2025[3]), les exportations de minerai de chrome en provenance de l'Afrique du Sud et du Zimbabwe sont soumises à certaines formes de restrictions à l'exportation. Ces deux pays représentent ensemble environ 88 % des exportations mondiales de minerai de chrome. Ces mesures ont été introduites dans l'objectif déclaré de promouvoir l'enrichissement national en montant en gamme dans la chaîne de valeur et en transformant le minerai de chrome sur place, plutôt que de l'exporter à l'état brut. Il n'existe aucune restriction sur le ferrochrome.

Au-delà des restrictions elles-mêmes, la source profonde de vulnérabilité réside dans la forte concentration géographique de la production de ce matériau en Afrique australe, associée à l'importance des investissements chinois et à la prédominance de la Chine dans les relations commerciales, tant avec l'Afrique du Sud qu'avec le Zimbabwe.

Les principaux fournisseurs de minerai de nickel maintiennent une forme de restriction à l'exportation

Le nickel est un métal de base qui trouve de nombreuses applications industrielles. Pourtant, globalement, plus de 70 % de la demande de nickel est liée à des applications sidérurgiques. Dans le même temps, les batteries représentent une part plus modeste mais croissante de l'utilisation de nickel, même si l'acier inoxydable devrait continuer de dominer la consommation globale.

Ces dernières années, le ralentissement du marché de l'acier inoxydable, conjugué à une demande plus faible que prévu du secteur des batteries, deuxième marché du nickel, a entraîné une offre excédentaire et une baisse des prix. De nombreux producteurs de nickel, en particulier dans les pays Membres de l'OCDE, ont eu du mal à maintenir leur activité et certains ont été contraints de quitter le marché. Entre 2020 et 2024, l'Indonésie a accru ses capacités d'approvisionnement en nickel d'environ 1.5 Mt, tandis que la production en dehors de l'Indonésie s'est contractée d'environ 500 000 tonnes. Par conséquent, la part de l'Indonésie dans la production mondiale de nickel raffiné est passée de 6 % en 2015 à 61 % en 2024, et devrait atteindre environ 74 % d'ici 2028, ce qui suscite des inquiétudes parmi les économies consommatrices, qui craignent une accentuation de leur dépendance en matière d'approvisionnement et les risques associés pour la stabilité du marché. (Financial Times, 2025[7])

Du côté de l'offre, l'Indonésie impose depuis 2020 une interdiction totale des exportations de minerai de nickel afin de promouvoir la fusion locale et l'investissement dans le domaine des batteries. D'autres producteurs ont également cherché à limiter les sorties de minerai non transformé : les Philippines, sans imposer d'interdiction absolue, ont introduit des mesures fiscales et administratives, telles que des règles relatives à la taxe sur la valeur ajoutée (TVA) et des exigences strictes en matière d'autorisations d'exportation, qui augmentent le coût d'expédition du minerai brut à l'étranger. Actuellement, quatre des principaux fournisseurs mondiaux de minerai de nickel, à savoir l'Indonésie, les Philippines, la Nouvelle-Calédonie et la Fédération de Russie, maintiennent une forme ou une autre de restriction sur les exportations de minerai de nickel. En revanche, le ferronickel et le sinter d'oxyde de nickel, deux produits intermédiaires transformés indispensables dans la production d'acier inoxydable, ne sont pas touchés par les restrictions à l'exportation.

La principale préoccupation réside donc dans le renforcement du contrôle sur le segment du minerai brut, qui est essentiel pour alimenter la production d'acier inoxydable. En limitant la négociabilité du minerai de nickel, ces mesures accentuent la vulnérabilité des chaînes d'approvisionnement mondiales face aux changements de politique dans une poignée de juridictions.

Références

du Preez, S. et al. (2023), « An overview of currently applied ferrochrome production processes and their waste management practices », *Minerals*, vol. 13/6, p. 809, https://doi.org/10.3390/MIN13060809. [5]

Financial Times (2025), *'The Opec of nickel': Indonesia's control of a critical metal*, https://www.ft.com/content/0bbbe7c7-12a1-43ba-8bef-c5c546367a0e (consulté le 13 septembre 2025). [7]

IADC (2025), *Market Insights: chromium market overview and analysis*, Association internationale pour le développement du chrome, https://www.icdacr.com/market-insights (consulté le 15 septembre 2025). [6]

India Code (2023), *The Second Schedule - Export Tariff*, https://upload.indiacode.nic.in/schedulefile?aid=AC_CEN_2_2_00039_197551_1554713855359&rid=791 (consulté le 29 septembre 2025). [4]

OCDE (2025), *OECD Inventory of Export Restrictions on Industrial Raw Materials 2025 : Monitoring the Use of Export Restrictions Amid Growing Market and Policy Tensions*, Éditions OCDE, Paris, https://doi.org/10.1787/facc714b-en. [3]

OCDE (à paraître), *Évolution des échanges d'acier et des politiques commerciales*, Éditions OCDE, Paris. [1]

OCDE (à paraître), *Steel trade circumvention*, Éditions OCDE, Paris. [2]